90歳、老いてますます日々新た

樋口恵子
岸本葉子

柏書房

はじめに

80代の終わり頃から最近にかけて、私は著書を何冊も出版する機会をいただきました。あわせて雑誌の取材や講演などのお話も思いのほかたくさんいただき、おかげさまで、この年になって仕事ができる幸せを噛《か》みしめつつ、あわただしく日々を過ごしております。

しかし、90歳の「ヨタヘロ」になった私に、このようにお声がかかるのはなぜだろう？　と考えてみると、それはやはり、昔はせいぜい50～60年と思っていた人生が、気づいたら倍の100年に延びていて、この長い人生をどう生きるべきか、これから老いとどう向き合っていけばいいのかと、漠然とした不安を抱える方が多くなったからだろうと推察します。

そんなときに、私よりもずっとお若い岸本葉子さんと対談をして、一冊の本を作ろうというお話をいただきました。岸本さんは、ちょうど私の一人娘と同じ世代。60代に入ったばかりで、これから本格的な老いを迎えようとしている年代です。実の娘とはお互いに仕事が忙しく、ゆっくりと話す時間もありませんが、娘と同世代の岸本さんとの対談は「次の世代に私自身の経験や80代、90代になって見えてくる現実をお伝えしておく絶好のチャンス！」と思い、張り切って対談に臨みました。

正直に申し上げて、私も自分自身の老いをいつも前向きに受け止めているわけではありません。90歳を超えて若い頃はもちろん、70代の時点でも想像できなかった事態に直面し、戸惑い、うろたえ、思い通りにならないわが身を呪いたくなる日もあります。けれどもその一方で、新たな老いのステージにいる自分を俯瞰《ふかん》し、その変化をどこかおもしろがっている「ヨタヘロ研究者」のような自分もいます。

また、物書きであると同時に「高齢社会をよくする女性の会」などの活動も続けてきた私は、これからの日本社会の行く末を案じ、暗澹《あんたん》たる思いにかられることもあります。

昔の時代にも長寿の方はわずかにおられましたが、我々世代はみんなが揃って長生きするようになり、集団として老いるほとんど初代にあたります。高齢期には、世帯を持っていた人も配偶者を失って一人暮らしになっていきますし、今後は私の娘のように生涯独身のまま、一人で老いていく人もますます多くなるでしょう。そのような頼る家族のいない高齢世代が大量に増える社会で、誰もが安心して老い、命を終えられるようにするにはどうすればいいのか。それを考え始めると、次の世代の方たちに伝えたいことは山のように湧いてきます。

今回、そのような私の思いを岸本さんに率直にお話しさせていただきました。人とのつながりが途絶えたコロナ禍を経て、直接お会いして対談をすることが楽しくて、ついつい私の話が長くなってしまったところもありますが、どうかお許しください。岸本さんからは、娘世代の考え方やライフスタイルを教えていただき、私自身、学ぶことがたくさんありました。

90歳の親世代である私と、60代の娘世代の岸本さんの対話が、幅広い世代の方々にとって、これからの「老い」や「幸せな高齢社会」を考えるヒントになれば、大変うれしく思います。

2022年12月

樋口 恵子

目次

2章 ヨタヘロでも愉快に生きる。その秘訣は？

3章 調理定年。日々の暮らしをどう維持する？

4章 いざというときのため、備えるべきこととは？

5章 ファミレス社会をどう生きる？

6章

人生100年を幸せに生きるために

1章 90歳になっての発見は？

岸本　樋口先生には人生の先輩として、お聞きしたいことがたくさんあります。まずは90歳を迎えられたとのこと、おめでとうございます。私は今年61歳になります。

樋口　若いわねえ。今の60歳なんてお嬢さんですよ。

岸本　世の中では、還暦を過ぎた女性になります（笑）。

樋口　私の娘が岸本さんとちょうど同世代なんですよ。ご両親はご健在ですか？

岸本　母は70代で亡くなり、父は90歳まで生きましたが、晩年は意思疎通ができなくなっていました。ですので、90歳は、私にとって本当に未知の領域です。

樋口　そうでしょうね。私自身だって自分がこの年まで生きるとは想像もしなかったんですよ。米寿を超えて卒寿も超えて、さあ90代のお手本は？　と思って周りを見渡すと、ほとんどいない。昔はどっちを見ても90過ぎまで生きた人なんて、めったにいなかったんです。

だけど時代はとどまることなく進んでいて、今の日本人女性の平均寿命は87・57歳、男性は81・47歳です（２０２１年）。90歳以上の人口は、２０１７年に初めて２００万人を超え、65歳以上の高齢者人口の中でも約６％を占めるようになっています。私は昭和７年（１９３２年）生まれですが、データでは、２０２１年生まれの女性の場合、90歳まで生存する人の割合が52％だそうです。90歳なんて、まれな存在かと思いましたが、じきに多数派に。だから、余計にしっかりしなきゃと思っています。

岸本　この間の敬老の日にも、１００歳を超える人が９万人余りになったという報道がありましたね。

樋口　例えば、私よりも一回りぐらい先輩に当たる方に、評論家の吉沢久子先生がいます。吉沢先生は２０１９年に１０１歳でお亡くなりになりましたが、生前にご自分のエッセイの中でしみじみと「この年になってみなければわからないというのは本当です」と書いてあって……。私も90歳になった今、全く同じセリフを言いたいです。

岸本　そうですか。そのセリフに込められた詳細をうかがいたいです。

樋口　吉沢先生だけでなく、もうちょっと年上世代の私の母も同じことを言っていましたね。母は70代の頃も、娘の私と丁々発止の喧嘩《けんか》をするわけですよ。すると母は、最後に私に向かって捨てゼリフのように「いいわよ、この年になってみりゃわかるから」と。私は当時50前後ですから「ふん！」てなもんですよ（笑）。

でも今になって、「なるほど」とわかる。あの頃の母の年を過ぎ、母の死んだ年も過ぎ、そして90の大台に足を踏み入れて、体のあちこちは痛むし、動かずに立っているだけでも転ぶ。「いやはや、こういうことだったのですか」と。

岸本　やはり、自分自身がその年になってみないとわからない。

樋口　わからないですねえ。それに、昔の女性はそういうことを語らなかった。一つには、当時の女性は学歴も乏しくて、自分の体験をきちんと順序立てて話す力がなかったということ。もう一つは、何を言っても年寄りの愚痴と思われるだろうとあきらめていたこと。あちこちに不具合があっても「あきらめるよりしょうがない」という一種の覚悟があったんでしょうね。

岸本　私は今61歳なので90歳はだいたい30年後になります。30年後のことをどこまでリアルに想像できるかというと、これはなかなか難しいと感じています。

逆に、今の私の30年前というと30歳。あの頃、なぜか急に老後が心配になり（笑）、あわてて生命保険の年金タイプに加入しました。36歳のときには一大決心でマンションも買っています。そのときにも老後を想像して準備していたつもりですが、今になってみると、ことごとく予想が外れています。

樋口　ほう、そうですか。どんなふうに？

岸本　例えば、30歳で入った年金保険は、早いものは50代から保険金がおりるように契約していました。30歳の私は50歳を過ぎたらもう老後と思っていたのですね（笑）。それから、購入したマンションも、当時は天井が高くて窓が大きくて開放的だから、これなら老後も快適に暮らせると思っていましたが、冬は外の冷気で寒いし、窓のふき掃除や電球の取り換えにも一苦労です。

こう考えると、30年後をイメージしてシミュレーションするのは簡単なことではないですね。そこで、今まさに90歳を体験なさっている樋口先生に、90代のリアルなお暮らしぶりを教えていただきたいと思ったんです。

樋口　今回、このような機会をいただいたので、岸本さんには、私の今を洗いざらい、お伝えしましょう。

岸本　ありがとうございます。

60代のうちはこれまで通り、仕事をしながら、自分で掃除や洗濯をして、ネットショッピングでやたら増えた段ボールの空き箱をつぶして自分でゴミ出しに行って……という今と同じような生活が続くのだろうと想像しています。でも、70代の頃からきっと思いがけないことがいろいろと出てくるのでしょうね。樋口先生のお話をうかがえるのは、本当に貴重な機会です。

樋口　年を取るのは、いいことばかりではないですけれど、少し先を生きるものとして、若い世代の方々に自分の経験をお話しできるのは、私にとっても喜びです。

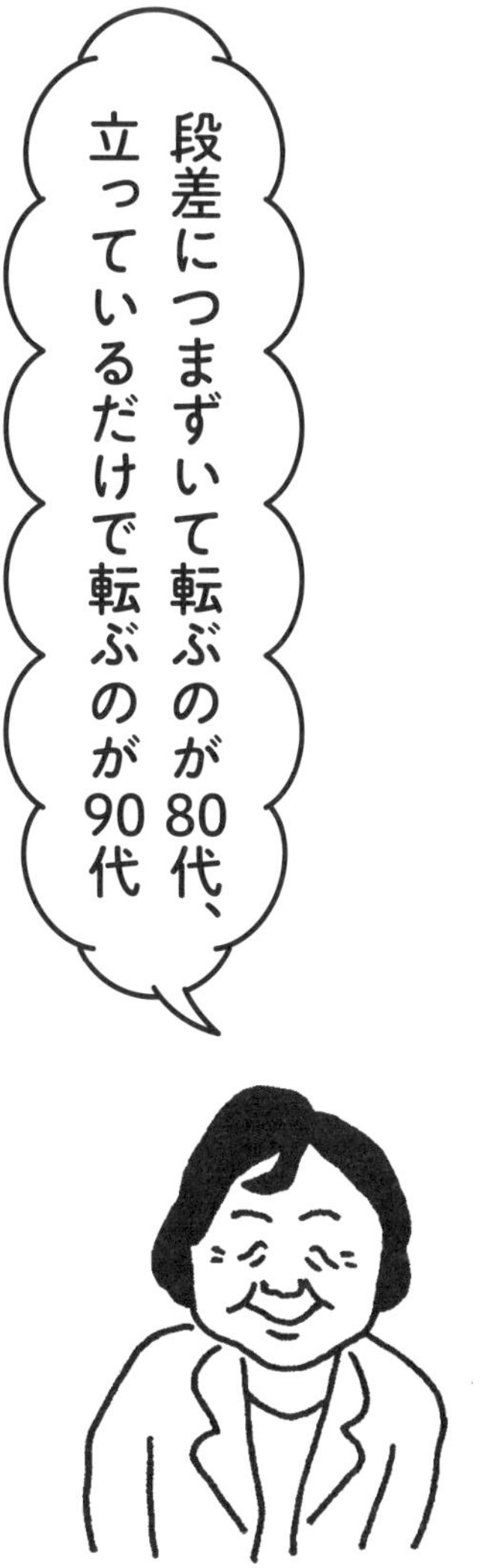
段差につまずいて転ぶのが80代、
立っているだけで転ぶのが90代

岸本　一口に高齢期といっても、80代と90代でもかなり違いますでしょうか？

樋口　やっぱり違いますね。

60歳の頃でしたか、あるテレビ番組で、私が聞き役になって年上の先輩からお話を聞く企画があったんです。そのときに、私より30歳以上年上だった加藤シヅエ先生との対談予定があったのですが、加藤先生は自宅で転んでけがをされてしまい、インタビューが延期に。2、3カ月後になって、あらためて加藤先生のマンションにおうかがいしたんです。そうしたら広い部屋に絨毯《じゅうたん》が敷き詰めてあって、段差もなければ邪魔な物も何ひとつない。私が「先生、こんな障害物のないお部屋でどうしてつまずかれたんですか?」とおうかがいしたら、「この部屋のそのあたりで転んだんですけど。90を超えると、すっと立っているだけでフワッと転ぶんです」と。当時の私は「はー、そういうものでございますか」と答えるだけで全然わかっちゃいない。

実は、この間も玄関で転んで、たたきに顔を思いっきりぶつけました。

岸本　まあ、大丈夫でしたか。

樋口　玄関に郵便か何かを取りに行って、上がり框《かまち》のヘリにただ立っていたの。そうしたらフワッと崩れて、たたきに顔面強打ね。顔にはそんな大きな傷はできなかったけど、もう各所にあざだらけ。赤あざ青あざ紫あざ、しばらくすると黄色いあざが顔中に広がって、さらにしばらくすると、黒いかさぶたが浮いてくる。まるで五色のお岩さん(笑)。

岸本　それは想像するだけで痛そうです。でも、そういうことは80代には想像がつかなかったことですか?

樋口　80歳の頃にはわかっていませんでしたね。考えてみたら人間が生まれて、つかまり立ちをするのに12カ月かかっている。だから年を取って90にもなったら、どこかにつかまって立たなきゃいけなかったのですよ（笑）。私は、その少し前からよく転ぶようになっていて、気をつけなきゃとは思っていたのですが。

去年も会議に呼ばれて、ある大学へ行ったときに、雨上がりの駅前ですってんころりと転んで立ち上がれなくなってね。近くの女子学生に「すみません、ちょっと助け起こしてくださらない」と言って、水たまりから引き上げてもらいました。引き上げてもらいさえすればもうケロッとして、大学に着いて早々に「ちょっとタオル貸してください」って言って（笑）。80代は転倒適齢期ですよ。

岸本　そうですか。実は私も50代の頃から、家の中などでつまずくことが増えました。以前も、宅配便の届け物で玄関のチャイムが鳴って急に歩き出したときに、床にあった加湿器の細いコードにつまずいて、「人間ってこんなに飛ぶのか」というくらい体が吹っ飛びました。そのときは、歌舞伎の役者さんが花道でおっとっと、とポーズをとるみたいに両手を広げて踏ん張って、なんとか転ばずにすみましたが。55歳でマンションをリフォームしたときには、できるだけ床にコードや障害物がないようにと考えました。

ですから、今は住まいの工夫と自分の体力でなんとかもっていますが、高齢になると予想外に体が動かないシーンが出てくるんでしょうね。ご高齢の方とお話をすると、「こんなことで転ぶとは思わなかった」と皆さんおっしゃいます。

樋口　つまり、小石や段差や水たまりにつまずいて転ぶのが80代、何もなくてもフワッと転ぶのが90歳以降。ただ立っているだけなのに、ちょっとバランスが変わったときに支えられないわけです。去年から立て続けに何度も転びましたが、今は気をつけてどこかにつかまるようにしているので、転ばずにすんでいます。

岸本　それにしても、「転ばぬ先の杖」も大事ですけれど、転んだときの振るまい方というのも大事なんですね。転ばないようにということだけに気を取られていると、転ぶとショックを受けてしまいそうですが、樋口先生のお話は「転んだら、その後はこうしよう」というモデルになります。

樋口　そんなことをお手本にされるのもどうかと思うけれど（笑）。

岸本　助けられる側が不機嫌になっていたり、怖いオーラを発していたりしたら、助けを求められた側もひるんでしまいます。素直にやさしい言葉で「ちょっと助け起こしてくださらない」と言える人に、私もなりたいと思います。

岸本　樋口先生は春（2022年）に入院なさったとうかがいました。入院を経験されて何か発見はありましたか？　例えば医療現場で、あるいはご自身の体について。

樋口　実は、乳がんの手術で入院をしたばかりなんです。確か、岸本さんもがんの経験があると聞きましたが、いつ頃に手術をなさったんですか？

岸本　私はもう21年前になります。虫垂がんという腸のがんでした。2001年当時はさまざまな制度ができていないときで、患者にとっての情報提供も違いましたし、終末期医療に対する考え方も今とはずいぶん違う状況でした。それがご縁で、現在も

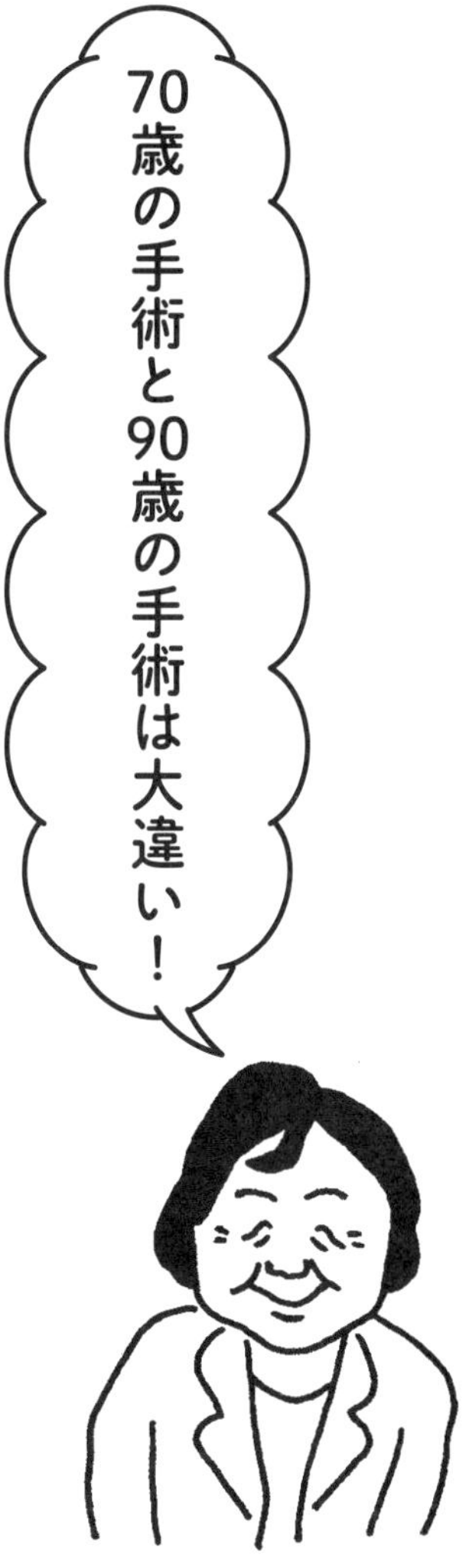

少し医療現場のお手伝いをしています。

樋口　あなたのように若い盛りにご病気になったときの動揺というのは、想像もつかないし、それはそれは大変なことだったと思いますよ。

私は70代のときにも一度、乳がんを経験しています。右の乳房の4分の1くらいを部分切除しているんです。それで乳がんは卒業したと思っていましたし、コロナのせいもあってしばらく検診を控えていたのです。

岸本　一時期、病院にはなかなか行けませんでしたからね。

樋口　本当にそうでした。

この家は私が84歳のときに一念発起して建て直したのですが、お風呂場には大きな三面鏡を付けました。私と娘の二人暮らしですが、娘も60を過ぎているし、女二人の住まいにはふさわしくないぐらい大きくて立派な三面鏡があります（笑）。

岸本　ふふふ。ちょっと気恥ずかしいくらいですね。

樋口　ある日、私がお風呂に入っているときに、自分の胸を見て「ん？」と思うことがあったのね。右の胸はスプーン一杯分ぐらい部分切除しているから、右が少し小さくて左が大きい。もともと左右差があるんだけど、ちょっと違いすぎるなと思って。

岸本　ご自分で気づかれたんですね。

樋口　ええ。だから、上半身素っ裸で鏡の前に立たなかったら、もうちょっと発見が遅れていたかもしれない。そのとき、ちょうど娘が家にいたから「おーい、ちょっと触ってみてくれい」と呼んだのです。娘は放射線科医ですから、診断は専門です。すると触診して「これはあるね」と言うんです。「乳腺のいいお医者さんに心当たりがあるから、すぐ診てもらったほうがいい」と。それで病院で診てもらって、乳がんがわかりました。

岸本　早い段階でわかってよかったです。

樋口　ただし、それから手術までにさらに1年近くかかりました。

　私は70歳の手術も90歳の手術も同じだろうと思っていたら、やっぱり体力の衰えがあって、90歳目前の体に全身麻酔というのは非常に負荷のかかることらしいですね。私は歯がよくて「８０２０（80歳で20本以上の歯を保つ）」を今も実現していますが、手術をするなら、グラグラしていて心配な歯は抜かなきゃいけない、とも言われました。なんでも全身麻酔をかけると、歯が抜け落ちて気管をふさぐ事故もあるんですって。だから、私も怖気《おじけ》づいちゃって……。

岸本　胸の手術が、まさか歯に関係してこようとは。

樋口　本当ですよ。そのときはだいぶショックでしたね。老化というものがどんなふうに病気の治療に影響するかということも、今回初めて経験しました。

岸本　治療の選択肢が限られてくるのかもしれませんね。

樋口　歯を抜くのなら手術をやめようかなと思っているうちに、主治医も私の歯の状態なら抜かなくてもいいと判断してくださったみたいで、だんだん手術する方向になりました。そこで、全身麻酔で2時間の手術に耐えられるかどうかということで、心臓の検査もしました。検査の結果、まあいいでしょうということになって、4月にやっと手術となりました。

だから岸本さんの世代も私たちの世代も、やはりときどきは鏡の前で自己検診をしたり、乳がん検診を受けたりしたほうがいいですね。

岸本　セルフチェックは大事ですよね。私も40歳でがんの治療をして、その2年後くらいに胸にしこりを発見したことがあるんです。通院時に病院から乳がんの自己検診のパンフレットをもらっていて、ふと思い立って自宅のお風呂で体を洗うときに自己検診をしてみたんです。すると、パンフレットに書いてある通りのしこりがあったんです！　それですぐに病院へ行って、部分麻酔の手術でしこりを取って検査し、最終的に「悪性ではありません」と言われて、ほっとしました。

虫垂がんの治療をしたばかりでしたから、検査の結果が出る前は、二つ目のがんを覚悟している自分がいました。手術室でクラシック音楽が流れていたのを、今もよく覚えています。

樋口　良性でよかったですね。年を取るほど鏡を見たくないという人も多いかもしれませんが、せっかく鏡があるのであれば鏡の前に直立して、見たくなくても見る！　そして自分の体を愛してやることが大切です。

岸本　本当ですね。体もそうですし、歯も大事です。樋口先生は歯がいいというお話でしたが、私の知人も「老後の備えは、腿《もも》（太腿）と歯」と言っていました。

樋口　おっしゃる通り、どちらも非常に大切です。

岸本　それで私も歯を失わないように、歯のケアは意識して行っています。歯周病予防には自宅でのホームケアと、歯科医院でのオフィスケアが大事と言われていますから、家でしっかり歯を磨いて、定期的に歯科医院でクリーニングをしてもらっています。今はコロナ禍のため通院を休んでしまっていますが。私は緊張したときや集中しているときに、歯を食いしばるクセがあるらしく、ナイトガードというマウスピースも作ってもらい、寝ている間はつけています。

樋口　私よりもずっと真面目ですね。緊張するタイプには見えませんが。

岸本　料理で大根を切るのでも、スポーツジムで体を動かすときも、何でも一心不乱にやってしまうタイプなので（笑）、つい体に力が入ってしまうようです。私は30代で歯の矯正をしていてすでに歯を4本抜いているので、樋口先生のように「8020」を実現できるよう、残りの歯は全力で死守したいと思います！

岸本　樋口先生は80代後半頃からの体の状態を、ご著書で「ヨタヘロ」という言葉で表現されていますね。

樋口　それには原本がございましてね。広島の春日キスヨさんという家族社会学の研究者が、『百まで生きる覚悟』（光文社新書）の中で「ピンピンコロリなんていうのは幻想だ」と書いています。ピンピンコロリ、つまり亡くなる直前までお元気な人もいるけれど、実際、そういう人は亡くなる人のうちのほんの一握りのようですね。

あとの人は、大きな病気や加齢によって、自分が思うように動ける能力を徐々に失

い、ヨロヨロと生きるようになる。つまり、多くの人は晩年のある時期を半分自立、半分依存のような形で過ごして、そしてある日ドタリと倒れ、そこから寝たきりが始まる。この春日さんの言葉をヒントに私がさかんに「ヨタヘロ」と言い始めました。このヨタヘロの時期がけっこう長い。

要するに、高齢期には、自分の体がいうことを利かなくなり、周りの人に手助けしてもらいながらなんとか生きる、という時期が来るということです。岸本さんには、まだまだ先の話でしょうが。

岸本　春日さんのご著書は私も拝読しました。衝撃的だったのは、高齢期の現実もさることながら、健康で前向きな高齢者が、やがて「ヨタヘロ」が来るという現実に目を向けたがらないという事実です。長い人生を生きてこられて、特に男性などは仕事でも先々のリスクに備えてしっかり対応なさってきたはずなのに、自分自身の介護については、夫も妻も「ネガティブなことは考えない」と口を揃えておっしゃっていたのが興味深かったです。

樋口　年を取っても健康なうちは、自分がヨタヘロになるなんて、なかなか想像がつかない、ということですよ。

岸本　なるほど。頭では、年を取れば誰でも弱ってくることはわかっているけれど、「自分だけはなんとなく大丈夫」と思ってしまうのでしょうか。

私が40代で病気を経験したとき、お医者様が「最悪に備えて最善に期待する」ことが大事だとおっしゃっていました。つまり、治療をしても悪くなることもあるかもしれないと最悪を想定しつつ、「でも、きっとうまくいくだろう」と期待する。それは、老いに対して自分がとりたい姿勢でもあります。そのように心持ちは固めましたが、まだ具体的な行動はとれていないのですが……。

樋口　最悪に備えるのは大事ですが、自分が年を取ってどうなっていくか、正確に予測できるわけではありません。想定外のこともたくさんあります。むしろ、そちらのほうが多いくらいです。

岸本　そうなんですね。それでは、年とともに状態が変わるという現実をまず受け入れる。状況は変わるものであり、今の状態のままでどこまでも生活できるわけではなく、未知の局面が次々に出てくるだろう。そういう気持ちでいないといけませんね。

樋口　要するに、ヨタヘロは「日々新た」なのです。そして、ヨタヘロの状態は一人ひとり、皆違う。これが、90歳になっていちばんお伝えしたいことかもしれません。

自分の身体的・精神的な変化や、それによって起こるさまざまなことに対応するだけで、ハラハラオロオロ。ときにはちょっと涙ぐむぐらいに情けないこともあります。

岸本　お元気な樋口先生でも、そういうときがあるのですね。

樋口　もちろんです。けれど、そうした変化のどれもが全く新しい体験ですから、一方でそれは新鮮な驚きでもあります。

長い人生の中で、今まで親や夫を看取ってきたはずなのに、その人たちも教えてくれなかった老いの途上にある状態にうろたえ、失望し、絶望の淵に近いところまで行って、また何かのきっかけで立ち直る。それがヨタヘロの時期です。

どれだけ長生きをしても、今までの人生で未経験なものとの出合いがいつの時期にもあって、対応を迫られる。それがささやかな生きがいだとすれば、ヨタヘロも十分すぎるほど生きがいのある時代でございます。

岸本　どんな年齢になっても、その年を生きるのは初めての経験ということですね。

樋口　ええ、そうです。私はここしばらくは、「ヨタヘロ最前線の研究者」として、自分の変化をじっくり観察していくつもりです（笑）。

老いに多様性あり。
どこから衰えるかは人それぞれ

樋口　先ほども少し話しましたが、私が老いに関する発見で、大変に興味深く思っていることに「老いの個別性」があります。

人は誰でも年を取る。どんなに偉い人でも、絶世の美女でも（笑）、老いというものから逃れられる人は一人もいない。それはその通りなんですけれど、今、同世代の人の老いを見てわかることは、老いとはなんと多様なのかということです。つまり、老いには個性がある。あらゆる人に同じ老いが訪れると思っていてはいけないということに気づきました。これはとても新鮮な発見です。

岸本　どこから、どのように老いるかは人によって違うと。

樋口　ええ。先日、古い知人と電話をしていて「あの樋口さん、これからは悪いけれど、電話でなくてお手紙をくださいね」と言われました。つまり、耳が遠くなっちゃったんです。そのときは電話口で大声を張り上げて、なんとか話は通じましたよ。だけれど細かいお話は、やっぱり耳がきつくなったので、行き違いが起きないようにお手紙でちょうだいしたいというんです。

岸本　そうなる方も多いでしょうね。

樋口　そうしたら、ちょうどその翌日、別の知人から朝早い時間に電話がかかってきて「樋口さん、月にいっぺんでいいから、このぐらいの時間にお電話してもいいですか?」とおっしゃる。この方は以前からよく私に絵はがきをくださっていて、とても筆まめな方だったので、「どうしたんですか?」と尋ねたら、手の病気になって右手の人差し指と中指、薬指の3本が使えなくなり、字が書けなくなったというのです。それで「たまには樋口さんのお声を聞きたいから、朝にお電話していいですか?」と。「もちろんいいですよ。お電話ください」と言いましたけれど。

岸本　そういうこともあるのですね。

樋口　つい私たちは、高齢者というと十把一絡《じっぱひとから》げにしがちだけれど、老いの障害というのは、非常に千差万別、そして個性的です。
　年を重ねて手指がダメになった人は電話をくれという。耳がダメになった人は、電話でなくて手紙をくれという。キーボードのボタンのプッシュをやっと覚えたパソコン初心者は、他のことは全部ダメだけど、パソコンでやってくれという。そういう具合に老いというものは、コミュニケーション手段一つをとってみても、非常にまちまちで、やれることが限られてくる。

岸本　それは実感としてなんとなくわかります。私たち世代でも、老眼で目がつらい人もいれば、腰や膝が痛いという人もいます。スマホを含めてデジタルは苦手という人がいる一方、朝から寝るときまでスマホを手放せないという人もいて、人によって本当にまちまちです。

樋口　だから、今の社会では「多様性」ということが話題になっているけれど、老いも非常に多様性を持っている。そういう多様な老いを抱えた人たちが、「誰一人とり残されない社会」を考えていかなければなりません。

岸本　老いによってできないことは増えるもしれませんが、私が一つ希望を持っているのは、高齢者が増えることで、その人たちの不便を補う新しい技術や工夫、商品も出てくるかもしれない、ということです。

例えば、年配の方は握力が低下して、ペットボトルのふたを開けるのにも苦労するといいますが、ふたのほうをしっかり固定して、ペットボトルの本体のほうを回すとラクに開けられるそうです。これは手指に力が入りにくい関節リウマチを患っている方からお聞きした話です。シリコン製のキャップオープナーのような便利な道具も、今では100円ショップでも市販されています。今後は100円ショップをのぞいてみると、高齢期の不便を解消してくれる便利グッズが見つかるかもしれません。

樋口　もともと障害がある人や困難を抱える人たちが知っている生活の工夫やノウハウが、高齢者にも活用できるというのは、本当にその通りだと思います。誰一人とり残されないためのユニバーサルな商品や技術を、社会全体で考えていってほしいものですね。

岸本　少し前までは、おじいさんやおばあさんの長寿は手放しで喜ばしいという感覚がありました。でも今は、長生きを必ずしも喜べないような雰囲気があります。私たち世代にも長く生きてしまうことへの不安がありますし、国全体としても高齢化で医療費や社会保障費が膨らむなど、ネガティブな話題がどうしても多くなります。

樋口　本当に我々の世代になって急に「人生90年・100年」を迎えて戸惑うことも少なくありませんが、そもそも長寿とは何のおかげかを考えるとすれば、やっぱり私は平和の所産だと思います。

今もウクライナ侵攻で、毎日どれだけの人が亡くなっていることか。日本人はこの前の太平洋戦争で官民合わせて３１０万人が亡くなっています。人口がやっと７２００万人程度だった時代の３１０万人ですからね。

岸本　かなりの方が亡くなられていますね……。

樋口　１９４５年の日本人の平均寿命については公式のものはないのですが、戦後の混乱期の乏しい資料から推計した数字によると、女性は32歳ぐらい。それに対して男性は25歳にも満たないというデータがあるそうです。戦争というのはそういうことなんです。

今は日本も軍事費を増強して万一に備えようという人もいて、なんだか不穏な空気が漂っていますが、とにかく今のところは我々の目の前には鉄砲玉は降ってこない。今、私たちがこれだけの長寿を享受できるのは、少なくとも戦後の日本が平和だからです。

岸本　本当にそうですね。

樋口　だから、いかに社会の高齢化で日本政府の財政が困ろうと、我々老人が困ろうと、長寿は平和の所産です。

私だって、自分がこんなに長生きするとは思いませんでした。小学３年生のときには重い腎臓病を経験しているし、終戦の年に中学1年で結核になり、1年間休学して学齢を1年遅れています。それでも成人後は家庭を持ちながら仕事をして走り続けてきて、結果としてこのような激務（!?）に耐えつつ、90歳まで生きちゃった！

岸本　人生はわからないものですね。樋口先生が、女性の地位向上や介護・福祉の充実のためになさってきたことには、本当に頭が下がります。

樋口　それができたのも平和のたまものなんです。そして、平和のおかげで生み出されたのが今の私たちの日常というものだと思います。そう考えると、私は世の中に関心を持たざるを得ないです。戦後になって日本が欧米の先進諸国と肩を並べるべく、医療や福祉に目を配り、お金を回してきたのは、やはり平和のおかげです。

日本はジェンダーギャップ（男女格差）の問題だけはまだまだ遅れていますが、政治家の市川房枝先生は「平和なくして平等なく、平等なくして平和なし」とおっしゃっていました。私も全くその通りだと思います。障害のある方や高齢者への目の配り方も戦後の80年近い間にずいぶんと変わってきましたし、人権についての考え方も前進してきました。

岸本　そうですね。私自身は戦後の生まれで、戦時中の暮らしを直接には知りません。

でも40代で病気をして、もしかして自分には老後がないかもしれないと思った経験があります。それを思えば、長寿は基本的に喜ぶべきことですね。

50代になると、やはりまた長生きの不安も膨らんできたのですが、私にとっては、この老後という時間は当たり前にあるものではなく、たまわりものという感覚があります。

樋口　もう少しくわしくお話しいただけませんか。

岸本　私たちは戦後の日本に生まれて、憲法で基本的人権が保障され、生命や財産、良心の自由が脅かされないし、それが当たり前という世の中で生きてきました。そして、長寿というのも基本的人権と同じように当然のことと思いがちですが、決してそうではないなと、60代になった今、ひしひしと感じています。

もし私がアメリカに住んでいたら、同じ病気でも何千万円という費用がかかり、十分な治療が受けられなかったかもしれない。日本に国民皆保険制度があったからこそ、40代のときの貯金で賄える範囲で速やかに治療を受けることができたわけで、そういったいろいろな条件のおかげで、自分の今があると実感しています。

樋口　医療へのアクセスも、国によって大きく違いますからね。

岸本　今回のコロナ禍にしても、日本で生きている私たちは何回もワクチンを打って、1日に何度もアルコールで手指を消毒し、外出から帰るたびに清潔な水でいくらでも手を洗うことができます。

でも、世界にはワクチンが十分に供給されていない国もありますし、手洗いのための水すらない地域だってある。そう考えると、私たち日本人の長寿は、バランスのいい食習慣や健康意識の高さだけではなく、さまざまな社会状況の幸運が重なった結果という気がします。

この現代の平和な日本にたまたま生まれ落ちたからには、長生きを徒《いたず》らに嘆くことなく、よいものにしていかないとまちがっていますね。

樋口　私も今の時代の長寿は、平和からの贈り物として大切に受け止めたいと思っています。そして、私たち自身が長寿の当事者となったときに、これからも平和な社会を持続・発展させるためにどんな老い方をしていったらいいのか、考えていかなければと思っています。

岸本のフムフム

涙ぐむほどに情けないこともあると、ほがらかな先生がおっしゃるのには身が引き締まりました。けれどもそれを未体験なものとの新鮮な出合い、生きがいととらえ直す思考の柔軟性、よい意味でのしぶとさは見習いたいです（転んでもタダでは起きない？）。老いは個別性に富み、多様であるとのご指摘は、聴力は最後まで高かった父を思い合わせて納得です。一律の対応はつらいし「察してください」には限界が。樋口先生のご友人のように「私は耳は聞こえます、他方……」というふうに自分における老いの現れ方を、意思表示できる限り、自分から示していこうと思います。

2章

ヨタヘロでも愉快に生きる。その秘訣は?

岸本　樋口先生は少し前に入院や手術を経験されていながら、今でも講演などで全国を飛び回っていらして驚きます。

樋口　90歳という年齢でも、手術後のリハビリも特別扱いはありませんでしたね。

岸本　私の父は90になる少し前に風邪で寝込んで、数日間寝ていただけでベッドから起きて立とうとすると、立てなくなってしまいました。親に対して申し訳ない言い方ですけれど、生まれたての小鹿みたいに足が踏ん張れずに開いていってしまうんです。たった数日間、寝ていただけで、立ち方を忘れてしまうのかと私もショックを受けました。

樋口　いえいえ、私も以前と同じというわけではないんです。やはり、「ヨタヘロ」は進んでいますよ。血圧がちょっと安定していないんです。薬を飲まないと上がっちゃうんですね。飲めば下がるのですが。

岸本　血圧が安定しないのはつらいですね。血圧は低すぎても元気が出ないですし。私もたまに「おかしいな、なんでこんなにやる気が起きないんだろう」というときがあって、自宅の血圧計で測ってみると、血圧が下がりすぎていることがあります。

若いときには血圧なんて気にしたことは全くなかったんですけれど……。

樋口　そうですよね。

これも笑い話みたいですけれど、手術のあと、退院して初めての診察のときに、医師の手元にカルテのような書類がありました。ひょっとのぞき込んだら「今後10年の生存確率」という欄があって、最初は80％と書いてあったの。「へえ～」と思って見ていたら、先生がひゅっとペンで数字を消して、79％と書き直したんです。なんで1％減らしたのか、いつか折を見て、「先生、あれはどういう意味ですか？」とうかがってみようと思っています（笑）。

だから、私が今後10年生きられるかどうかは別として、おかげさまで私の活動を手伝ってくれる人たちもいますので、なんとかがんばって、あと一冊か二冊は本を書き上げたいと思っています。

岸本　今もやりたいことがおありになるのはすばらしいですね。でも、世間では病気などをきっかけに、ガクッと気持ちが落ち込んでしまう人もいるようです。

樋口　本当に、年を取れば思い通りにならないこともたくさん出てきます。そういうときは、クヨクヨしたっていいんですよ。

岸本　そうなんですね。実は私自身は、クヨクヨするのが苦手かもしれないです。自分の病気のときも治療法を調べたりするのに懸命でしたし、親が亡くなったときも、葬儀の手配で忙しく動き回っていて、泣いたり悲しんだりする時間はほとんどありませんでした。クヨクヨしてはいけない、気持ちを強く持たなければと、身構えてしまっていたのかもしれません。

樋口　私も岸本さんの年齢のときにはとにかく忙しかったですから、クヨクヨする暇なんてなかったと思いますよ。

岸本　でも、前に精神科医の先生とお話をしたときに、悲しいことやつらいことがあったときは、1回クヨクヨすることも大切だと教えていただきました。自分の心にふたをして、弱い自分を見ないようにするのではなく、ちゃんと心の奥底の気持ちを、一度表に出す。そのうえで「さあ、これからどうしようか」とその先を考えるようにすると、人としてすこやかな状態を保てるそうです。

樋口　なるほどねえ。年とともに自分や家族が病気をしたり、身近な人を亡くしたり、自分自身の心身の変化に不安を感じたりと、いろいろつらい場面も増えてきますよ。だから、そういうときはクヨクヨします。

しかしながら、私の場合、思い通りにならないことがあれば、周りの人を呼んで盛大に愚痴をこぼす。腹の立つ人がいたら「許すまじ！」と敵愾心《てきがい》をかき立てる（笑）。誰か敵を見つけておいて「あの人にだけは負けるもんか！」「この人よりは長生きしてやろう！」と。こういう気持ちが長生きにつながることもありますからね（笑）。

岸本　あははは。クヨクヨしたり、愚痴をこぼしたり、自分の気持ちに素直でいるって大事ですね。私も見習いたいです。

樋口　楽しくなくても、楽しげに生きる。落ち込んで地獄の底に落ちても、そこからまた起き上がって楽しげに生きる！　怒ることも多いけれど、忘れることも多い

（笑）。クヨクヨしたり悩んだりする日があっても、その後に気持ちを切り替えて、はつらつと愉快に立ち向かう。それが大事。私はこういうふうに心がけています。

岸本　「楽しげ」「はつらつ」「愉快」。いい言葉を教えていただきました。

樋口　そして私は、身近に接したことのある少し上の先輩、例えば、市川房枝先生、秋山ちえ子先生、吉沢久子先生などの生き方や老い方に、今も毎日学んでいる感じがしているのです。

岸本　年とともに体力が衰えてきたなぁと実感しています。樋口先生は何か体を鍛えることはなさっていますか？

樋口　簡単な運動はしていますよ。私はある程度の年齢になりましたら、生活を文化系から体育会系に組み直したほうがいいと思っています。

私は本来、純粋文化系の人間です。中学・高校・大学と、コーラスが好きで音楽が好きで、芝居も大好きで。それから、部活動も新聞部で、雑誌や新聞なんかの編集をしていて。それがとっても自分の性に合っていたし、体を動かすことなんか大嫌い、

スポーツなんてどれも苦手。たまに山登りといってもハイキング程度で、行けば楽しいと思うことはあったけれど、およそ体を使うサークル活動はしたことがなかったですね。

岸本　私も似たようなタイプなのでよくわかります。もともとあまり運動が好きではなく、高校を卒業するときには「これで体育の授業を受けなくてすむ。せいせいした!」と思ったくらいです（笑）。

樋口　それで働き盛りの頃はコンサートもよく出かけたし、チケット代の高いオペラなんかも仲間が引っ張ってくれるものですから、観に行きましたけれど、高齢になるとそういう出かけていって観る文化系の趣味はダメですね。

岸本　ダメですか……。

樋口　仲間がいなくなるのです。年を取ると、みんな足腰が弱ってだんだんと外へ出かけられなくなる。それに一幕1時間たっぷりかかるようなオペラだと、トイレが近い人は長時間座っていられなくなる。私たちの仲間のリーダーもトイレが近くなって「私、もう行かれないわ」となっちゃった。

私は用意周到にも、いずれ外に行かれなくなったら家で楽しもうと思って、ちょっとぜいたくなレーザーディスクを何十枚と買いためていたんです。老後の楽しみで、ソファに腰掛けてディスクをツーッと入れてポンとスイッチを押すと、パヴァロッティやドミンゴの歌声が響き渡るという、そういう老後を過ごそうと思っていたの。

そうしたら技術の発展めざましく、今ではレーザーディスクの再現装置のほうがなくなっちゃって。早々と老後の楽しみなんて準備していても、10年もすれば環境が変わってしまう。技術のほうが日進月歩ですよ。

岸本　本当ですね。今はどのような運動をなさっているのですか？

樋口　以前、リハビリの先生に指導してもらった、かかとを上げ下げする体操を20年以上続けています。朝のトイレへ行ったとき、立ち上がって20〜30回やっています。それからスクワットもやります。転ばないようにテーブルに手をついて、ゆっくり椅子から立ち上がってゆっくりと座る。

筋肉や関節、骨などをまとめて運動器といいますが、年を取ってくると特に運動器は大切です。やっぱり手足が動かなくなったら、いろいろな制限が増えますからね。

岸本　私も仕事では座っていることが多いので、運動は大切だなと思います。樋口先生は、いつ頃から運動を意識されるようになりましたか？

樋口　77歳で循環器系の大手術を受けてからですね。今は、リハビリの先生に自宅を訪問してもらって指導を受けています。専門家に習えば、理屈からきちっと教えていただけますから。

岸本　リハビリの先生に習う頻度はどれくらいですか？

樋口　今は2週間に1回です。1回あたり1時間程度でしょうか。本当はもう少し回数を増やしたほうがいいのですけれど、忙しくてなかなかこちらが時間をつくれなくて。専門家に教われればお金もかかりますが、体というものは「命を乗せて運ぶ器」ですから、やっぱり年を取ったらそのために費用をかけてもいい。文化系だってオペラのチケット1枚買ったら何万円かが吹っ飛んでしまうわけですから、その代わりに、なんとか工面できるなら、運動の先生に学ぶお金をかけてもいいんじゃないかと思います。

岸本　そうですね。年を取ったら体育会系にというお話は、私も全く同感です。樋口先生と同じく純粋文化系だった私が運動をしようと思い立ったのは、40代で父の介護をしたのがきっかけです。

父の排泄《はいせつ》の介助をしていて気づいたんです。便座に立ち座りをするには脚の筋肉がなければできませんし、手すりにつかまるのも握力や腕の力が必要だと。だから、父の介護のためというより、自分が将来も自立して生活できるように、そして、自分でトイレに行けるように、筋力・体力をつけておこうと考えて、専門のトレーナーに加圧トレーニングの指導をしてもらうようになりました。

樋口　それはどういうものですか？

岸本　加圧トレーニングは腕や脚に専用のベルトを巻いて、圧力をかけながら筋力トレーニングをするものです。普通の筋トレよりも、短時間で効果的な筋力アップができるところに魅力を感じて始めました。70代や80代の方も通っていらっしゃいましたよ。今はコロナ禍であまりできていませんが。

それから、5年ほど前に始めたのが、ズンバというダンスフィットネスです。ラテン系のダンス音楽に合わせて、ダンスの振り付けのように体を動かすというものです。これを始めて、「体力向上のために運動をしなければ」という義務感ではなく、「踊るのって楽しい！」「楽しいから行きたい！」という感覚を初めて知りました。今は週4回、そのためにスポーツジムに通っています。

樋口　楽しくできるのはいいですね。私も先生について体を動かした後は、とても気持ちがいいんです。血色もよくなるし、体も頭もすっきりします。

岸本　私も運動をするとよく眠れます。とはいえ週4回はさすがに多いのか、楽しく踊っていても翌日に疲れは残るんですが（笑）。

そのダンスフィットネスのクラスには70代くらいの女性もたくさんおられます。皆さんお元気でお若くて、カラフルなウェアをいつもすてきに着こなしていて……。「バンダナの巻き方を教えてあげるわよ」なんて、私のほうが教えてもらっているくらいです。

樋口　やっぱり年を取ったら体育会系。ダンスでも何でも、その人に合った運動を取り入れて、体を動かすことです。年を取って動きが悪くなってきた運動器も、定期的にメンテナンスをしながら、できるだけ長く使っていきたいですね。特に女性は、男性よりもはるかに運動器の故障で要介護になりやすいので、気をつけたいと思っています。

岸本　樋口先生の今の元気の源は何でしょう？

樋口　やっぱり仕事をすることですね。最近はあまり外に出かけられない状態ですが、お仕事をくださる方があればタクシーを呼んで行こうか、という気になりますしね。吉沢久子先生が晩年に書かれたご著書で繰り返し、「この年になって仕事をいただけるというのは誠にありがたいこと」とおっしゃっていますが、私もその通りだと思います。

ヨタヘロになろうとなるまいと、やはりときには人の顔を見て、人と語り合ったり

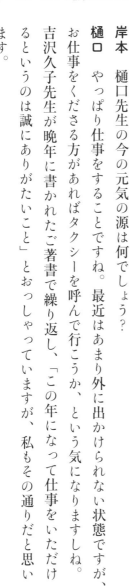

するほうが、ずっと広がりのある人生を生きられる。それは、ここ3年ほどのコロナ禍で、多くの研究者たちが一斉に同じ結論を出しています。コロナ禍においても、一定の人間関係が保障されている人たちのほうが心身の健康度が高く、生きがいを持って生きていられるということです。

岸本　本当にこのコロナ禍で、人と直接会って交流することの大切さを再認識しましたね。私は40代で俳句に出合い、50代からは俳句番組の司会も務めさせてもらいました。そこでお会いした俳人の先生方は、皆さん80代などでご高齢なのにお元気で、屋外で俳句を詠む吟行にも行かれるし、地方で句会があれば選者として全国各地へ出かけていく。どうしてあんなにお元気なのかしらと感心していましたが、実はこのコロナ禍の間に俳人の先生方の訃報が相次いでしまいました。これは、外へ出かけていって人と話す機会が失われてしまったことと無関係ではない気がします。

樋口　そうですね。私もオンラインの講演やシンポジウムも経験しましたが、オンラインでも確かに話はできる。便利といえば大変便利だけれど、人と人とが直接会って話すこととはまた違うと感じます。

岸本　人が集まると、お互いにときには無駄話もしながら刺激を受けて、それが玉突きのように広がって想定外の展開が生まれたりします。そういうダイナミズムやエネルギーは、オンラインではなかなか生まれないですね。

樋口先生はお仕事だけに限らず、ふだんからご友人や周りの方との交流が多いようにお見受けしますが。

樋口　うちはわりとね、もともと友達が寄ったりすることが多い家だったんです。夫も私もお客さんが好きでしたから。麻雀友達の仲のいいご夫婦が2組ぐらいいて、ここに集まって麻雀をするなんてこともしょっちゅうでした。

夫が生きている間は夫婦共通の友人たちと「今日やるか！」なんて言って集まってね。リビングに雀卓を出し、そこで簡単な夕食を出して。大したものではないけれど、親子丼を作ったりカレーを作ったりするぐらいは何とも思いませんでしたよ。

岸本　集まって交流できるお仲間がいることは貴重ですね。若い頃から近所の方々とも交流があったのですか？

樋口　定年を迎えるまでは皆さんお忙しくて、お互い、顔を合わせることはほとんどなかったですね。ただ、たまたま近所に夫の職場の同僚が住んでいらしたり、当時は珍しかった共働きの友人がいて、そういうご縁から交流が広がりました。

岸本　それはよいご縁でしたね。社会全体でいえば、定年になって仕事を退職すると社会とのつながりが途絶えてしまい、家にこもりきりという人も珍しくないようです。けれども退職した後こそ、意識して人とのつながりを保っていく必要があるかもしれませんね。

樋口　本当にそうです。人間が健康に生存する必須条件は何かといえば、まず「水」と「空気」と「太陽」。この三つは不可欠です。そして四つ目に何を付け加えるかで、その人の考え方が表れると思いますが、私が四つ目に挙げたいのは「人間関係」です。私たちが生きるうえでは家族や友人、地域社会の一人ひとり、そういう人たちとの関係が必須で、私はこれらが「四大必須条件」だと思っています。

ですから今度のコロナ禍にしても、これからの超高齢社会にしても、いちばん大切にしたいのは人間関係です。いろいろな人に支えられて人は生きているわけですから。

岸本　なにげない会話を交わして笑ったりできる人間関係は、私たちが生きる活力なんですね。

80歳で筆まめに。
人は何歳からでも変われる！

樋口　私は年を取って、人とのコミュニケーションの方法がずいぶん変わったんですよ。自分ではいい変化だと思っていますけど。

岸本　どのような変化ですか？

樋口　私は昔から筆不精をもって任じておりまして、手紙やはがきなんてめったに書かなかったんです。昔は出歩けば必ず人に会うし、会って話したほうが早いんですよね。「筆不精の樋口さん」という定評があったと思います。返事もなかなか書かないし、お礼状も出さない。

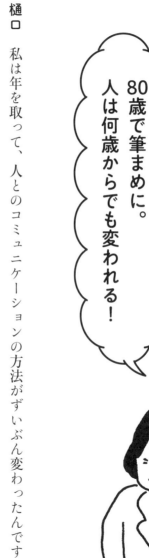

こんなこともありましたよ。一面識あるかないかぐらいの人が私に本を送ってきて、読んでいる時間もなくてお礼状も出さないでいると、元気のいい人らしくて、私に怒りのお電話。「せっかく我が力作を送ったのに、届いたの一報もないのは、お前はこの頃、驕《おご》り高ぶっているのではないか！」なんて。

私もふだんならやり過ごしていたと思いますが、そのときはたまたま虫の居所が悪かったのか、「勝手に本を送りつけておいて、返事がないからと怒るあなたは何と不遜な人物か。許せぬ！」とか言って、しなくてもいい喧嘩をいたしました（笑）。

岸本　忙しいときに一方的に言われても、困りますね。

樋口　ところが年を取ってくるとね、なんとなく本や品物を送ってくれた人の気持ちがだんだんわかってくるようになったんです。これはやはり、老いのもたらす成熟ですね。

だから80代に入ってからのコミュニケーションに関する私の行動は、それ以前と明らかに違って、今はすごく筆まめになりました。いつでも書けるよう、デスクに絵はがきが積んであります。特に今年は、90歳の卒寿記念もありましたし、お花やお祝いの品もいっぱい届きますでしょう。届いたら、ただちに返事を書きます。

岸本　まぁ、すばらしい。私もそうなれるかしら。

樋口　だから、80、90になっても人は変われるということがわかりました。

今は助手が来てくれる週2回は、はがきを書くだけで午前中いっぱいかかります。地方に行けば、そこでお世話になった方が物を送ってくださるし、自治体の窓口の方とか、それこそ本を一方的に送ってくださる方にも、最近はお礼のはがきを書いています。すると、思いがけず直筆のお礼状をいただいたとすごく感謝されます。

岸本　樋口先生から直筆のお礼状が届いたら、それはうれしいでしょうね。筆不精から180度反対の筆まめに変わられたのは、何かきっかけがあったのでしょうか？

樋口　これはやっぱり心から反省したからですね。私は東京育ちで口は達者だし、男兄弟と育ちましたから「喧嘩なら、任せとけ！」という感じでやってきましたけれど、2003年の東京都事選の出馬、あれがずいぶん転機になりました。

私はそれほど表立って喧嘩はしないけれど、好き嫌いははっきりしているほうなんです。ところが、私が都知事選に立つことになり、その応援に来る活動家の中には嫌いな人もいっぱいいるわけ（笑）。そういう人たちが「樋口さーん、がんばれー」と来てくださるわけです。それで「ああ、ちょっと気に入らないから付き合わないなんて言ってちゃいけないんだ」って。

岸本　なるほど（笑）。

樋口　だから、今書いているはがきも、ほんの一言ですけどね。「90歳のお祝いのお花をありがとうございました。これで励みになります。あなたも一緒にがんばりましょう」と。このくらいよ。

岸本　私も筆不精では、昔の樋口先生に負けないのですが。

樋口　はがきの一言で付き合いが深まりますよ。絵はがきなら、3行でいいんだから。

岸本　私は人から物をいただくと、玄関先で直ちにお礼の言葉が頭の中に浮かんでいるんですが、それをはがきに書いて切手を貼って出すという、そこが行動に移せないでいます。

　特に最近はなかなか手で字を書かないので、改まってお礼状を書こうとすると漢字のとめ・はねが気になって、わざわざ電子辞書でその字を引いて拡大して確認したりして、余計に時間がかかってしまって……。

樋口　私も、こんなに年を取ってから自分の行動が変わることがあるなんて、思わなかったですよ。でも、年を取ってどのように人とコミュニケーションを取り続けていくかを考えるときに、書くというのは一つの手段であって、今の私にはそれが残されているのだから、大いに使おうと思っています。

岸本　80代になっても、まだまだ行動変容は起こりうるというのは、とても励みになります。

私も自分を振り返ると、年とともに人との接し方は変わってきたなと感じます。若いときは、年齢や服装なども、自分と似たようなタイプの人としか付き合わなかった気がします。でも今は仕事や生活、それから父の介護などを通じていろいろな人に接して、少しは多様な人を受け入れる順応性がついてきました。

樋口　世の中にはいろんな人がいますよね。男でも女でも、見た目は怖いけれど意外に心優しい人がいたりして。

岸本　相手を年齢や外見で決めつけて、勝手に萎縮したり身構えたりしていた若い頃の自分は、ちょっと嫌な奴だったかもしれません。

でも、年齢とともに自我の鎧《よろい》のようなものがゆるんできて、街で買い物をしていてもジムに通っていても、そこですれ違ういろんな人たちと他愛《たわい》のない会話ができるようになりました。そういう変化は、自分でもなかなかおもしろいと思います。

これから先も自分がどう変わっていくのか、少し楽しみになりました。樋口先生のように筆まめになれるかどうかは、自信がありませんが（笑）。

岸本　前に、老いというのは多様で個別性のあるものだというお話がありました。コミュニケーションの方法一つをとっても電話がいい方もいれば、手紙がいい方もいて、一人ひとりのできることが少種目化していくと。そのような多様化・個別性への対応ということで、デジタルは頼りになりますか？

樋口　なりますね。それしかできない人もいますし、たいていの人はスマホやパソコンのボタンはなんとか押せますから。私が理事長を務めているＮＰＯ法人「高齢社会をよくする女性の会」でも、デジタルへの対応を始めているところです。

岸本　そうなんですね。

樋口　そういえば、ある大学の先生が、亡くなった方の遺族の悲しみに寄り添うグリーフケアの会を定期的に開催されていたのですが、コロナ禍になって集会ができなくなり、困ってしまったそうです。でも偶然にも、参加者全員がスマホを持っていたんです。それで、仲間どうしでスマホを使って教え合って、とうとうある日、全員がオンラインでつながることに成功した！　その感激といったらなかったとお話しされていました。

だから、何事も排除しないことが大事です。私は自分ができないから負け惜しみで言うわけじゃないけれど、どんどんデジタル化が進んでいく社会に疑問符も持っていますよ。できない人がどんどん取り残されていかないか、とか。だけど、それでしかつながりを持てない人もいて、デジタルという選択肢がある以上、私たちも取り組んでいかなければいけないと思っています。

岸本　「高齢社会をよくする女性の会」でデジタルの講習や勉強会をなさったそうですが、どのような内容のものですか？

樋口　社会の動きや、自治体や国のデジタル施策などを勉強しました。それからありがたいことに、私たちの会員に87歳のデジタル女王・若宮正子さんがいらっしゃいます。彼女がどうやってデジタルの世界に入っていったのか、勉強会でお話をしてもらいました。

岸本　若宮さんもお年になってからパソコンを学ばれたので、そういう方のお話を聞くと励まされますよね。

私も実はデジタル弱者です。原稿はなんとかパソコンで書いていますが、何か不具合があると誰に聞いたらいいかわからない。相談できる人が身近にいたらどんなにいいかといつも思っています。

樋口　デジタル化を進める人は、デジタル側にいる人ですよね。ですからやはり、できない人が振り落とされていくのは確かだけれど、ただこちらも、できないできないと言うだけでは何も解決しないですよね。

岸本　できない側が、何がどうできないのかを伝えないといけないですね。そうしないと、デジタル化を進める側はできる人だからわからない。

樋口　私は10年ぐらい前に北欧へ行ったんです。北欧は福祉が整っているといいますが、厳しいといえば厳しくて。役所の職員が平然と言うんですよ。例えば、福祉サービスにたどり着くためには、いろいろな方法がある。今までのように区役所に歩いていって申し込んでくださってもいいし、電話で申し込んでくださってもいい。けれども、デジタルで申し込んだ人にいちばん早くサービスが届くようにいたします、と。

岸本　コロナのワクチン接種の予約状況を思い出しますね。

樋口　そう。日本はそれを言葉で言わなかっただけですよね。デジタル化をやめろと言って仮にやめさせても、その後に何が残るだろうかといったら、何も残らない。だからやはり私は、一人も取り残さないようにデジタル化をやってもらいましょう、という立場に立たざるを得ないです。

ただ、最後の最後のところは、高齢者自身が自分でやるよりしょうがないですよ。こちらも変わっていく覚悟がなきゃいけないと思いますね。

岸本　こちら側も学んでいかないといけないですね。それに、やってみたら意外にできた、となることもあると思います。

私もスマホを初めて買ったとき、パソコンのメールをスマホで見るという設定の仕方がわからず、親しい人に謝礼を払って設定をお願いしたことがあります。その次にスマホを買い替えたときには、そういう面倒な設定もすべてお店でやってもらうように依頼したつもりでしたが、実際はできておらず、結局、なんとなく自分で操作してみたらできてしまいました。「やってみたら自分でできた！」ということで、ちょっとだけ自信になりました。

樋口　一度慣れてしまえば、意外にできることも多いのかもしれませんね。

岸本　それと少しずつですが、デジタル弱者をサポートするサービスも広がってきていますね。例えば、家電量販店でもパソコンなどのサポートサービスがあります。私が前に一度だけ利用したのは年間1万円くらいの費用で、パソコンでわからないことや不具合があれば相談できるサービスで、とてもありがたかったです。プランによってはパソコンやスマホだけでなく、家電のことまで相談できるものもあるようでした。それから、マンションによっては、管理組合全体でパソコントラブルに対応してくれるサービスを導入しているところもあります。ですから、デジタルに弱いシニアがたくさんいることを前提に、社会でも多様なサービスが生まれていくように思います。

樋口　そういうサービスも活用するといいですね。私自身は、デジタルは助手に任せきりの状態ですけれど（笑）、私だって、これからは自分で実際に触ってみたり、詳しい人に尋ねたりしながら、一つずつ学んでいけたらと思っています。

人生１００年時代の初代だからこそ、おもしろい

岸本　最近はデジタル化をはじめとして、世の中の変化がますます早くなっている印象です。でも、樋口先生が生きてこられた90年という時間を考えると、本当に昔と今では同じ国とは思えないほど、社会が劇的に変わってきたのではないでしょうか。

樋口　昭和初期の日本人の平均寿命は50歳にも満たなかったですからね。それがふと気づいたら、人生が１００年に延びてしまって。

私たちは、集団としてこれほどに長い人生を生きる、ほとんど初代ですよ。

岸本　本当にそうですね。

樋口　私たちの世代は、比較的、戦争を生き延びて、大勢は死なずにすんだ世代です。日本の徴兵検査が最後に行われたのは、昭和2年生まれ頃までの人だったようです。私の亡くなった夫が昭和2年生まれで、徴兵検査を受けた当時のことを「乙種合格って言われたときは、俺の命もあと1年そこそこだと思った」なんて言うんです。それは肝の冷える思いだったろうけれど、実は20歳になる前に8月15日が来て、彼らの世代は戦地ではあまり死んでいないのです。

つまり昭和2年以降生まれは、空襲で怖い思いや、食糧不足で腹の減る思いはしたかもしれないけれど、平和の到来のちょっとした時差のおかげで、死の側に巻き込まれず、生きる側を泳ぐことができたのです。

それと同時に、こんなにまとまって大量の同世代が老いを生きる最初の世代だから、どうやって生きていいかもわからない。先輩の教えがほとんどありませんから。世代全体として、これだけの長い人生の進み方を作っていくのは、私たちが初代です。だから、おもしろくもあるんですよ。

岸本　私の母は、昭和元年生まれでやはり樋口先生とは全然違います。母の時代は教育の機会すら男性と同じではなかったわけですから。父は大正12年生まれで、この世代の人は少ないようです。まず、結核でかなりの人が亡くなり、そして残りの人も戦争で亡くなることが多くて……。たまたま私の父は結核で戦争に行かなくて、その後、結核が治って命拾いをしました。

樋口先生の世代がまさしく集団として老いに突入していく世代のトップバッターとおっしゃるのはその通りだと思います。

樋口　昔は結核のような病気もありましたし、戦後の混乱も大きかったです。でも、その間にも教育や社会の制度の改正は少しずつ進んで、昔は小学6年までだった義務教育も9年間に伸び、さらに高校や上の学校で学ぶ人も増えました。そして、戦後の高度経済成長の恩恵を受けながら生きてきた、ある意味、恵まれた世代でもあります。女性も差別されながらではあるけれど、進学・就労の機会に恵まれて、だからこそ今、私はここにいるわけです。だとしたら、いつも初めての時代を生きてきた世代らしく、老いていきたい。なにしろ初代ですからね。

岸本　戦後、ずっと時代の先頭を走ってこられたわけですね。

樋口　前にも話しましたが、ありがたいのは、少数ながら特に長生きをされた先輩がいるということです。例えば吉沢久子先生とか、秋山ちえ子先生、藤田たき先生とか。

こういう方々のご本を読むと非常におもしろいんです。吉沢久子先生の『さっぱりと欲ばらず』なんて何度読んでも楽しいですよ。

岸本　樋口先生のロールモデルとなっているのですか？

樋口　そうですね。やはり戦争を含めて厳しい時代を生きてこられた吉沢先生や藤田先生の言葉に、今の私はいちばん勇気づけられています。そういう先輩方の生き方や老い方に触れることで「私もずいぶんくたびれたけれど、もう一丁やるか！」なんていう気力が湧いてきます。

私たちが集団として老いる初代ではありますが、少し前を行く先輩がいらして大事な手がかりを残してくださっているのですから。その手がかりにつかまりながら、「ヨタヘロ」の状態とも手を取り合って（笑）、生きるしかないのです。

そして、先輩たちに比べて時代が進んだ分だけ、新しい発見に結びつくこともあるだろうから、それをしっかりと見つめて、次の世代に伝えられればと思います。

岸本　私たち世代にとっては、樋口先生がまさに人生の先輩であり、ロールモデルです。樋口先生の言葉と思いを、しかと受け止めたいと思います。

岸本のフムフム

健康に生存するために必要な「水」「空気」「太陽」に次ぐ四つ目。私なら何を挙げるだろうと一瞬迷い、「人間関係」とのお答えにハッとしました。確かに人との交わり・支えなしにヨタヘロ期は過ごせません。できることが少種目化していく中、残った種目をフル動員し、コミュニケーションを取っていく、その種目に対応できるのが皮肉にも、私の敵視……は言いすぎでも苦手視しているデジタル化とは。嫌いでも味方につけなければ。長生きが可能になり、助けとなる道具も身の回りにある恵まれた時代環境で老いを迎える私たち。苦手だなんて言っていられません。

3章

調理定年。日々の暮らしをどう維持する？

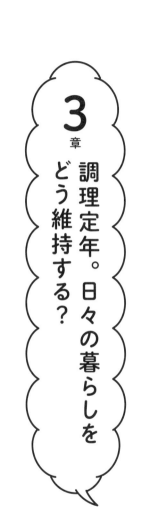

高齢女性は、栄養不足に注意して

岸本　年を取ってくると、食事や生活リズムを維持することも大切になりますね。いきなりですが、お食事はどんなものを召し上がっていますか?

樋口　実は、ろくなものを食べておりません（笑）。

私はもともと食いしん坊で、70代いっぱいぐらいまでは体の中の空腹感が自分を目覚めさせ、その空腹感に促されて起き出してハムエッグの一つも作り出すという感じでした。それが80歳に入る頃からお腹があまりすかなくなっちゃったんです。

今は、朝はお薬を飲む前に牛乳や栄養補助ゼリーのようなものを口にするくらいです。食事としては、朝昼兼用のような昼食と夕飯の2食をいただいています。

岸本　1日2食プラスアルファというところなんですね。

樋口　毎週月曜日と木曜日は、シルバー人材センターの方に来ていただいて、食事を作ってもらっています。午前中に来て昼食を作り、その日の私の夕飯を残しておいてくれるので、月曜日と木曜日はそれで2食すむわけです。そのほかの日はご飯を炊いて、娘や助手が用意してくれたおかずをつまんだりしています。

岸本　そうですか。私も朝食はバナナと豆乳入りの紅茶などで軽くすませ、1日の中では昼食がメインのような食生活になっています。ただ仕事が立て込んだりすると、簡単なものですませることもありますが。

樋口　ただ食は細くなりましたが、栄養不足にはならないように気をつけています。実は84歳で家の建て替えをした年、どうしたことか、ひどい貧血になってしまって……。工事の最中も、家の近くに借りた仮住まいから建て替え中のわが家まで、わずか300メートルほどの距離が歩けなかったんです。もともと傷めていた膝が痛むし、息切れはひどいしで。

それで、新居での生活が落ち着いてから病院で診てもらったところ、「大変な貧血」とわかりました。病院では「消化器のがんかもしれない」といろいろ調べられましたが、幸いにも、がんは影も形もなし。

岸本　それは不幸中の幸いでしたね。

樋口　ただ私自身、貧血の原因として思い当たるのは、その少し前から食生活が貧しくなっていたことです。お手伝いの人が来てくれる日はいいのですが、一人で過ごす日は食欲がないのをいいことに、パンと牛乳、ジュースくらいで食事をすますことも増えていて、栄養失調に陥っていたんです。

これがいわば「中流型栄養失調症」です。昔のように食べ物がないのが原因ではなく、冷蔵庫や食品棚を開ければ、飲み物やびん詰・缶詰などがずらりと揃っている。けれども肝心の栄養が不足しているということで、私がそう名付けました。それ以来、肉などのたんぱく質や野菜といった栄養をとることを意識しています。娘にもうるさく注意されていますから（笑）。

岸本　本当に栄養をしっかりとるのは大事なことですね。

樋口　実はこれは私だけの話ではありません。新聞報道でもありましたが、厚生労働省の「国民健康・栄養調査」（２０１９年）を見ると、85歳以上の女性の栄養状態はかなり惨憺《さんたん》たる結果でした。３割近くは栄養失調状態だったというのです。85歳の女性というのは、家族関係において非常に明確な分岐点にいる人たちなんですね。女性が85歳になる頃には夫が亡くなり、シングルアゲインで一人暮らしの人がどっと増えるんです。昔は夫が亡くなったのを機に長男のところに引き取られる高齢女性も多かったのですが、今はそのまま一人暮らしのケースが多いですね。そうして一人暮らしになったときに、生活が崩れてしまうと、食事がおろそかになって、心身ともに健康への悪影響が大きくなります。

岸本　よく高齢の男性は、妻に先立たれると料理や家事ができずに途方に暮れるといいますが、女性も油断はできませんね。

樋口　女性の場合、何十年もの家事の経験がありますから、一人になっても男性のように途方に暮れることはありません。その点はいいのですけれど。

いってみれば男性の家事は、奥さんが風邪をひいたときなど、たまのこと。だけど女性にとって家事は、文字通り日常茶飯事。当たり前のこととして毎日やってきたと同時に、家族のためにやらざるを得ない仕事、すなわち義務だったわけです。私たち世代は小さいときから「女の子なんだから、おうちのお手伝いをして」「女の子なんだから赤ちゃんの面倒を見ていて」と、人のために働くのが女の役目と学んできましたから。

岸本　そういうものでしたね。

樋口　「私は主婦なんだから、お父さんにおいしいものを食べさせなきゃ」と、常に人のためにご飯を作る。そのついでに自分もいただく。そういう生活でやってきて肝心の夫がいなくなると、食事のしたくをする気力を失い、億劫《おっくう》になってしまう。

食欲旺盛な方はいいけれど、もともと食が細くて「主人がいるから、作って食べるけれど」という女性は、夫がいなくなると食事を作らないか、食べるとしても冷蔵庫の片隅に入っていて冷たさが染みいった残りもののおかずとか、時間がたってカチカチになったご飯とか、およそ食べ物とはいえないようなものを口にするようになる。

岸本　それは寂しいかもしれませんね。

樋口　だから、「国民健康・栄養調査」で85歳からの女性の栄養状態が悪いという事実を私流に解釈すると、常に人のために食事を作っていた女性が、自分のためとなったら、食欲はないし面倒だしで、非常に貧しい食事になってしまう危険があるということ。誰かのためにだけ作っていた習性がもたらす、まさにジェンダーがらみの今どきの栄養失調です。

ただ女性が有利なのは、どんな主婦でも、多くの家事能力ゼロ(?)の男性よりはずっと食生活の調整能力が高いこと。まず買い物に行って、その日のスーパーの目玉商品をにらみながら、既製品のおひたしを買って、生きのいい魚があったから1匹は冷凍にすることにして、1匹を塩焼きにしようとか、その場でパパパッと明後日くらいまでの献立はすぐに作れます。

岸本　問題はその食生活の調整能力を、自分のために使えるかどうかですね。

樋口　そうです。老いて一人になったら、手のかかるものでなくてもいい。簡単なものでいいので、栄養のある食事を心がけてほしいと思います。

岸本　私も一人暮らしですが、料理は嫌いではないんです。魚を焼きながら、ゆでておいた根菜を使って味噌汁を作り、野菜が足りないと思ったら無水鍋で青菜をゆでたりしています。自分で漬けたぬか漬けもいつも食卓にあります。

でも、もともと料理が好きで家族のために長年台所に立ってきた人でも、年齢や家族の変化をきっかけに食生活がガラッと変わってしまうことがあるんですね。それは心に留めておきたいと思います。

岸本　樋口先生はご著書で「調理定年」ということを書いておられます。年齢とともに調理も少しずつ卒業していいというご提案が、多くの女性の心に響いたようです。樋口家の場合、調理定年はどのように迎えたのでしょうか。

樋口　私はずっと共働きで、本当に時間がないときは人に頼んで作ってもらうこともありましたけれど、基本的には冷蔵庫、冷凍庫の在庫がいつも頭に入っていて、頭の片隅で「今晩はこういう献立にしよう」と考えていたのは、常に私でした。

岸本　樋口先生が一家の食事の管理をされていた。

樋口　ええ。でも、それが重荷かというと、そうでもなかったんです。私は食べることが大好きだし、育った家も、父は貧乏学者でしたが「食べるものにお金は惜しむな」という人でしたから、食事の用意をあまり苦にしなかったんですね。また、当時の共働きとしては珍しいのですが、私の夫も手伝いを惜しみなくやってくれる人でしたから、ほとんど億劫がらずに楽しんで料理をしてきました。

岸本　それは何よりです。

樋口　とはいえ、食生活でいちばん恵まれていたのは何かというと、私が健康で食いしん坊だったこと。よく連れ合いに笑われましたが、ときどき家族でおいしいお店へ食事をしに行って、ちょっとぜいたくなお料理を堪能して店を出るときに、私が「今度はどこへ行こう？」と言うって（笑）。

そういう具合においしいものを食べて満腹していても、この次は何を食べようというくらい、食べることが楽しみで苦にならなかったのですが、年を取ってきますと、そういう食欲がなくなりました。お腹いっぱい食べたらもう終わり。食に対する興味や貪欲さが減ってしまったんですね。それで少しずつシルバー人材センターの方にお願いするようになりました。

岸本　80代に入ってからのことですね。

樋口　ええ。そんな頃、私の周りには良妻賢母の権化のような優秀な主婦たちがたくさんいるんですが、そういう人たちから「あれほど好きだったお料理が面倒くさくなりました」という年賀状が、一斉に舞い込んでくるようになったんです。そこで「調理定年」という言葉を作りました。

考えてみれば、60代後半や70代にもなれば、家族のためにがんばって働いてくれた夫だって、2度目の定年を迎えているわけです。それなのに、なんで女性だけ調理の定年がないんだろうと。

私と同世代や少し下の女性たちは、料理ができなくなってきたことに対して「家族に申し訳ないと思います」「70歳になっても職場に出て行く夫にすまないと思います」と、常に罪の意識を感じていたんですね。炊事の手間とともに、そういう罪悪感からもそろそろ解放されてもいいのではないかというのが、私の「調理定年」の提案です。

岸本　主婦として、長年家族に尽くしてきたのですからね。

樋口　私は全国紙の人生相談も長くやってきましたから、夫婦喧嘩の話も嫌というほど見聞きしたけれど、意外に身近にいる人たちって、みんな家族思いでうるわしいのよ。夫婦でお互いに思いやりを持っていてね。

妻は「夫に申し訳ない、申し訳ない」と言っているし。老人ホームなどへ取材に行くとご夫婦の入居者を紹介されることがありますが、そういう夫君が言うには、「朝起きて、食事を作る妻を見ておりましたら、とてもしんどそうにしているのに気がつきまして。それで本人はまだ自分で料理をすると申しましたけれど、説得して二人でこのホームに入ることにいたしました。なあ、お前」なんて（笑）。

岸本　なるほど。食事作りを卒業するために、高齢者施設に入るということですね。食事が豪華で、まるで旅館のような食事が出てくる施設もあるみたいです。私は、そういう施設の広告を見るたびに「毎日食べるものだから、そこまで品数豊富でなくても……」と思っていますが（笑）。

それにしても、調理定年が注目されたのは、女性たちが誰かに言ってほしかったんでしょうね。「調理定年してもいいよ」って。

樋口　この言葉でホッとしたという人が、とっても多かったんです。でも、なかにはわずかながら「それでは私の人間性が廃《すた》る。自分を奮い立たせて、まだ料理を作っております」という人もいましたね。ああ、こういう方もいらっしゃるのかと、それはそれで安心しましたが（笑）。

岸本　施設に入居するのでなくても、樋口先生のようにシルバー人材センターに家事援助を依頼してもいいし、最近はお弁当の配食サービスなどを利用して「調理定年」をする手もありそうです。

ただし、料理は人それぞれ好みがあるので、自炊に慣れた人にとって市販の配食サービスが口に合うのかどうか、というのはちょっと気になります。

樋口　私もいくつか試したことがありますよ。ここのお弁当は味が薄めとか、メーカーによって少しずつ違いがあります。いくつかのサービスを試して、自分に合うものを探してみるのもいいと思います。

岸本　そうですね。私も市販のお惣菜を買ってちょっと味が濃いなというときは、豆腐を崩して加えて味を調整したりしています。あるいは、メインのおかずだけは市販品で用意して、付け合わせや汁物は自分で作るとか。いろいろな方法がありそうです。料理は毎日のことですから、無理せず、楽しくおいしく食べられるのがいちばんですね。

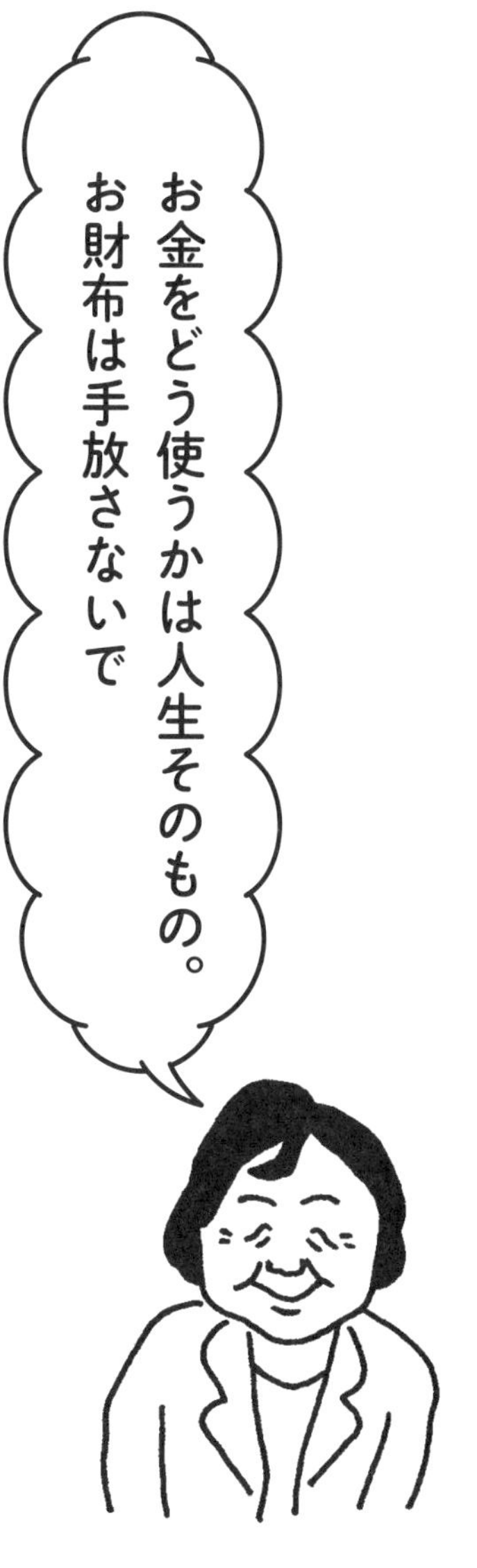
お金をどう使うかは人生そのもの。
お財布は手放さないで

岸本　先生は「年を取ってもお財布は手放すな」とよくおっしゃっていますね。樋口先生ご自身は、家計簿などをつけていらっしゃいますか？

樋口　今は家計簿をつけたりはしませんが、大事なことは大体わかっていますし、うちの資産がどこにどのぐらいあるかはつかんでいますよ。

岸本　私は学生時代からアルバイトをして、その中でやりくりしてきました。社会人になってからもずっと自分で働いて生活してきましたから、自分のお財布で生きるというのが習慣になっています。これまでは樋口先生と同様、家計簿はつけずに通帳で大まかな流れを確認していましたが、60歳からは家計簿アプリを使い始めました。これが思った以上に簡単で、家計を把握するのに便利です。

樋口　なるほど。そういうところにデジタルを活用するという手もあるのですね。知りませんでした。

岸本　樋口先生が、年を取っても「財布を手放すな」とおっしゃるのは、高齢になっても自分が管理できるお金があることが、その人らしく生きることにつながる、ということでしょうか。

樋口　その通りです。長年二人だけで暮らしてきた高齢夫婦の夫が亡くなると、残された妻は預金通帳と家計簿とをみんなまとめて嫁に手渡して、「これからはあなたのところでよろしくお願いします」と言って、力を失って生きる。そういう話を昔はよく耳にしたものです。

岸本　確かにそれは、人としてつらいことかもしれません。

樋口　だから、私は「若者よ、大志を抱け！　年寄りよ、財布を抱け!!」と言っています。別に全財産をきっちり自分で管理するというのでなくてもいいんです。当座の費用でいいから、自分が管理できるお金をきちんと持っていて、今日は郵便局から5

万円下ろしてくるから、どこそこに支払ってほしいと子どもに頼むとかね。
お金のことを大勢に話すのは厄介だろうから、一人か二人、息子や娘なり、嫁なり、誰でもいいですから、頼めるようにしておくといい。やはり私は、できる限りは自分でお金の采配を振って生活を続けていきたいです。

岸本　私も、財布はずっと自分で抱き続けたいと思っていますが（笑）、最近ちょっと気になるのは、認知症などで自分がお金を管理する能力がなくなった場合のことです。それも手当てしておかないといけないのかなと思って。

樋口　確かにそれはありますね。まだ岸本さんはお若いから、そんなに心配はいらないと思うけれど。お子さんはいらっしゃらないですか？

岸本　ええ、おりません。ずっと独身です。

樋口　どこかから、パートナーがひゅっと現れたりしませんか？

岸本　自信を持って可能性はゼロと言えます（笑）。

樋口　ということは、うちの娘とほぼ同じ状況ですね。
だから、これは娘にも言い聞かせようと思っていることですが、やはりなるべく早めに自分より最低10歳、できれば20歳以上年下の人で、成年後見人（認知症や知的障害によって財産管理などが難しくなった人を法的に保護・支援する人）を頼めそうな人を考えておかれるといいかもしれません。可能なら、弁護士や司法書士、社会福祉士などの公的資格を持っている人がいいけれど、親族に頼むこともできますよね。主たる人一人と予備的にもう一人ぐらい、頼める人を決めておくのがおすすめです。

岸本　そうですね。いずれは成年後見制度の利用も必要になってくるだろうと思っています。手続きの方法などがちょっとわかりにくいのですが、最近は、自治体でも「成年後見あんしんセンター」といった窓口を設けているところがありますね。無料相談会を開いている自治体もあると聞きました。

ただ、成年後見人へは、目安として月額2万～6万円といった報酬がかかるそうなんです。後見人を依頼したら、その後もずっとその費用が続くことになるので、どの時点で頼めばいいのか、これは判断が難しそうだなと思っています。

樋口　ご親族で頼めそうな人がいれば、費用も相談できるかもしれませんけれど。どなたかいらっしゃいませんか？

岸本　私より20歳以上年下というと、既婚の姉の息子、私から見て甥がいます。父の自宅介護を一緒に担った仲で、姉家族や甥本人との関係はきわめて良好なのですが、うちの一族はみんなざっくりしていて、お金の管理にはあまり向いていないかも（笑）。公的な後見人も含め、これからじっくりと検討したいと思います。

樋口　これからは、家族のいない単身世帯が増えます。一人暮らしの高齢者が安心して家計を任せられるようなしくみを、成年後見制度よりもう少し安価に作れないものだろうかと思います。

80歳を過ぎたら、安否確認のシステムづくりを

岸本　日々の暮らしについていえば、私は一人暮らしですから、自宅での事故や急な体調不良のときにどうするか、それは常に気になっています。

樋口　そうですね。65歳以上の高齢者を含む世帯のうち、子どもや孫との同居世帯はどんどん減っていて、代わりに着々と増えているのが高齢者の一人暮らしです。

岸本　「国勢調査」（２０２０年）では、高齢男性の一人暮らしが約２３０万人、高齢女性の一人暮らしが約４４０万人とあります。65歳以上人口のうち、約3割が一人暮らしだそうです。

樋口　一人暮らしも増えていますが、生活の実質でいえば、昼間は一人で過ごしている高齢者はもっと多いんです。

例えば国勢調査的にいえば、私は独身の娘と二人世帯ですから、統計上は一人暮らしではありません。けれども生活の実質からいうと、日中は一人暮らし。娘と二人とか息子と二人とか、あるいは息子夫婦と三人暮らしといった高齢者のかなりの人は、昼間一人なんです。これは、昼間は家族がいないのと同じことです。

岸本　そう考えると、高齢者が一人でいるときの転倒・転落といった思いがけない事故にも十分に注意しなければなりませんね。自宅も危険が多いですから。お風呂場のヒートショック（急激な温度変化が原因で心筋梗塞などの心臓や血管の疾患を引き起こすこと）はあるし、熱中症もあるし。家の中も油断できません。

樋口　私もここ何年かで転ぶことが増えて、そのとき調べてわかったのは、65歳以上の高齢者の家庭の中での不慮の死亡事故は、交通事故死よりも多いということです。転倒・転落事故も多いのですが、意外に多かったのがお風呂での溺死です。

岸本　厚生労働省の「人口動態統計」（２０１９年）を見ると、65歳以上の高齢者では、交通事故で亡くなった人が約２５００人に対し、「転倒・転落・墜落」が８８００人弱、家や居住施設内のお風呂での溺死が4900人だそうです。

樋口　だから、以前、テレビか何かで聞いたのが「恋に溺れるのは18歳、風呂場で溺れて死ぬのは81歳」というフレーズ。大笑いしたけど、笑ってすむ話ではありません。一人暮らしの高齢者や昼間一人というお年寄りに「一人だと気兼ねがないでしょうから、いつでもお風呂に入ってね」なんて気軽に言っちゃいけないんです。

岸本　本当に。

樋口　私は今日、午前中にお風呂に入りました。私は何でも不用心でいい加減な人間ですけれど、お風呂だけは家に誰かがいる間でなければ入らないようにしています。

岸本　それは大事なことですね。

樋口　そう。だから万一のことを考えて、予防しておくことです。私の助手は母親が岐阜に住んでいたんですが、夕方になると携帯でちょこちょこと話していたんですね。何かと思ったら、当時80代の母親から、お風呂にこれから入るよという「入るコール」と出たときの「出たコール」をしてもらっている。お風呂を出たというコールが来なかったら、お隣に電話をして見に行ってもらっていたそうです。これはすごく安心な方法ですね。

岸本　言ってみれば自前の安否確認システムですね。

樋口　そうです。だから私は男女問わず、高齢期に一人暮らしになったら、今のような私的なものでもいいし、あるいは公的なところや民間サービスにお金を払ってもいいから、「入るコール」と「出たコール」をする。あるいは夜の9時など時間を決めて、家族や周りの人と「生きているかコール」や「おやすみコール」をするといいと思います。

岸本　私の知人で、友人同士でやっている人もいます。50～60代の一人暮らしの仲間が集まって、SNSで毎日決まった時間に「おはよう」とか「おやすみ」と連絡し合っているそうです。

それと先日、近くの薬局のポスターを見ていて知ったのですが、自治体でも一人暮らし高齢者へのコールサービスをしているところがあるようです。私が住んでいる自治体では、登録しておけば週に1回安否確認の電話がかかってきて、異変があれば、あらかじめ登録してある緊急連絡先に連絡がいくというしくみでした。利用できるのは65歳以上で一人暮らしといった要件がありますが、地域でそういうサービスがあるのはとても心強いと思いました。同様のサービスをしている自治体はほかにもあるようですから、一度調べてみるといいと思います。

樋口　行政がそういうことに取り組んでいくのは、とても重要なことです。

岸本　身近なところでは、セキュリティ会社による安否確認サービスも広がっていますね。ペンダントのような装置を身に付けておいて、何か異変があったら押すという見守りシステムもありますが、どう思われますか。

樋口　同年代の一人暮らしの友人にちょうどすすめて入ってもらったところです。うちは安否確認ではないですが、セキュリティ会社の警備システムは利用しています。

岸本　使ってみて、いかがですか。

樋口　何十年も前ですが、泥棒に入られたことがあって、それを機に加入しました。非常に役に立っていますよ。

　これは私の不調法なんですけど、前に台所のガスをつけっぱなしにして出かけてしまったことがあるんです。カレーライスの鍋を火にかけて、なかなか温まらなくてうっかり忘れてそのまま外に出てしまって。「しまった！」と気づいて、セキュリティ会社に電話して見に行ってもらったら、火の出る寸前だったそうです。

岸本　火事にならなくてよかったですね。

樋口　電話一本で駆けつけてくれて、本当に助かりました。

岸本　最近は、セキュリティ会社だけでなく、他業種からの参入も増えていますね。通信技術の発達でサービス内容もよくなってきているので、私もとても興味を持っています。以前は、一人暮らしが不安になったら、見守りのある施設に引っ越すしかないと思っていましたが、今は、自宅で見守りサービスを利用しながら暮らすという方法もあるのかな、と考え始めています。

岸本のフムフム

日々の暮らしで私が早くも負担に感じているのが、寝具の管理。ダニの害を防ぐため、洗濯するほかしばしば掃除機をかけますが、布団、ブランケット、敷きパッドと中腰のままかけ続けると「私はこれをいつまで……」と思い、施設に暮らせばこの作業から解放されるのかと夢想します。疲れたり体調が悪かったり不安になったりすると、考え方が極端になりますが、「自宅か施設か」の二択ではなく中間があるのですね。シルバー人材センターの家事支援や民間の警備システムが実際にこんなふうに助かっているという具体的なお話により、イメージすることができました。

4章 いざというときのため、備えるべきことは？

延命治療の意思を伝えるリビング・ウイル

岸本　ここでは、いざというときへの備えについて、お話をうかがいたいと思います。私は、樋口先生が前に新聞に書かれていた記事を読んで、まねしていることがあります。それが、名刺に書いた延命治療についての意思表示です。

樋口　あら、そうですか！

岸本　私が樋口先生の新聞記事を拝読したのは、２０１７年の頃でした。そのときに「これだ！」と思ってすぐに新聞を切り抜きました。自分の名刺に「回復不可能、意識不明の場合、苦痛除去のため以外の延命治療は辞退いたします」と書いて、日付を書き、署名・捺印があればいいというお話でしたので、そっくりそのまま、まねさせていただきました。

樋口　それはそれは、ありがたいことでございます。

岸本　私は自分の講演のときも「これは、樋口恵子先生が新聞にお書きになっていたんですけど」と言って紹介しています。これを健康保険証の透明カバーの中に入れて、いつも携帯しています。

樋口　私がこれを名刺に書いたのは、２０１４年ですね。夫も亡くなってずいぶんたち、いろいろ考えが落ち着いた頃のことです。

岸本　私は２０１７年に作って、最近日付が古くなったから元の日付を二重線で消して、２０２１年の日付で書き直しています。

樋口　岸本さんはまだお若いのに、準備がいいですね。

岸本　急な病気で亡くなるというのでなくても、出かけていれば交通事故ということもありますから。

樋口　この意思表示は、日本尊厳死協会でも取材してくださってね。書くのは簡単ですし、用紙は必ずしも名刺でなくてもいいのですが、私の場合、名刺がちょうど健康保険証と同じサイズだったんです。岸本さんのように健康保険証と一緒に入れておけば、医療の現場でも確認してもらいやすいと思います。

岸本　確か、樋口先生は、これをシンポジウムか何かでお医者様に見せて「完璧です」と言われたそうですね。

樋口　ええ。数年前、医学界の大先生にお見せしました。私が短い講演をするために国際会議に参加したとき、その先生と控室でご一緒したんです。

この意思表示を書いた2014年当時は、知り合いの先生方にも「救急車で運ばれて治療のシステムにいったん入ってしまったら、特別に倫理委員会でも開けば別だけれど、やっぱり医療界の人の都合が優先されるから、なかなか患者本人の意思は通らないでしょう」と言われていました。

それをその先生に話しながら、「だけど先生、あれからもうずいぶん時間がたちますし、これは今、効力を持つでしょうか?」と意思表示を書いた名刺をお目にかけたんです。そうしたら、その先生は私の名刺を3回ぐらい裏表ひっくり返して、じっくりと時間をかけて眺めてから、おもむろに「完璧でございます。まずはあなたのご意思は通るでありましょう」と。

岸本　最近は社会の高齢化がいちだんと進み、延命治療やリビング・ウイルについての認識もずいぶん変わってきましたね。

樋口　そうですね。私が意思表示をしてから7、8年の歳月が過ぎるなかで、政府をはじめ医療や介護業界でもACP（アドバンス・ケア・プランニング）などが注目されるようになっています。ACPとは、終末期の医療やケアについて本人を中心に、家族や医療・介護のチームが話し合いを重ね、本人の意思決定を支援するプロセスのことです。まだ過渡期かもしれませんが、そういうことに世の中の関心が向いて、人の生死に関しても、本人の意思が尊重されるべきだという方向になってきています。それは非常に喜ぶべきことですね。

岸本　ACPも、今は「人生会議」というちょっと大げさな呼称がつけられています。

樋口　私は、会議という名前は何だかもったいぶっていて嫌なのよ。何かもっと違う言い方があればいいけれど。でも、これは誰もがもっと関心を持つべきことで、議論になるのは悪いことではないと思います。私や岸本さんが書いた意思表示も、あの大先生が「完璧でございます」と言ってくださるんだから、こういうものを用意しておくだけでも、終末期の医療・ケアは違うものになると思います。

樋口　いざというときの話でいうと、二年ほど前の夏、古い知人が自宅で急逝しました。同世代ですが、私よりもずっとお元気で、高齢になっても心理の専門職として現役で活動されていた方です。成人した息子さん二人は別居で、長く夫婦で二人暮らしをしていましたが、夫が亡くなった後は一人暮らしをされていて。89歳のとき、家の流しの前で突然倒れて亡くなってしまったんです。

岸本　それはお気の毒です。

樋口　90手前まで生きて自宅で一人で亡くなるというのは、ある意味では大往生なんだけれど、後が大変でね。というのは、自宅で亡くなった場合、死亡診断書は、それまでに診療してもらっていた、かかりつけの医師でなければ書けないのだそうです。そういう医師にかかっていない人が一人で急に倒れて亡くなると、連絡先は警察です。東京23区なら東京都監察医務院から監察医が検視にやってきます。その上で死亡診断書ではなくて、死体検案書というものを書いてもらいます。これがないと火葬にもできない。彼女の場合も日頃、健康な方だったから、死亡診断書を書いてくれるかかりつけ医もおらず、警察の事案になりました。こういうことは意外に知られていないですね。

岸本　確かに。

樋口　私は、あいにく葬儀には行けなかったのですが、息子さんがまた律儀な方で、葬式までに時間がかかった理由を逐一説明なさって、本当に涙ながらの挨拶だったと聞きました。ご本人にもご子息にも落ち度はなかったと思いますが、一人暮らし高齢者が格段に増えるこれから、対策を考えてほしい問題です。

岸本　おひとりさまでの大往生ではあるけれど、遺された家族はどうして気づいてやれなかったのか、となりますね。私自身は一人暮らしだから、世の中でいう孤独死になるのは仕方がないという気持ちもありますが、亡くなった後のことも考えておかないといけませんね。

樋口　だからね、あらためて親はちゃんと死なきゃいけない。高齢になった親の心がけは、「死亡診断書を書いてもらえる死に方をすること」と思いました。これだけ一人暮らし高齢者が増えると、「おひとり死」も増えるでしょう。おひとり死はおひとり死で、けっこう大変なんですよ。

岸本　まずは、かかりつけ医ですね。

樋口　でも、そのかかりつけ医というのが、制度としてもう一つよくわからない。

岸本　それはコロナのときに感じました。「発熱や症状があればかかりつけ医へ」と言うけれど、どこへ行けばいいのか……。自分でかかりつけ医と思っていた医療機関に行ったら、受付でかかりつけ医ではないと言われて、腹が立って診察券を破り捨てたとか、そんな殺伐とした話も聞きました。

樋口　まず自宅で在宅医療を受けている人であれば、在宅医がかかりつけ医になるようです。往診をしてくれる在宅医にかかっている人は、自宅で亡くなったときに在宅医に連絡をすれば、多くの場合は死亡診断書を書いてもらえます。でも、世の中の人は血圧の薬をもらったり、風邪をひいたりしたときに行くお医者さんをかかりつけ医と思っていて、そういう医師が自宅で亡くなった人の死亡診断書を書けるとは限らないようですから、まだまだ混乱があります。

岸本　高齢でも健康な方はかかりつけ医がいないので、余計に気をつけないといけないですね。樋口先生は、かかりつけ医はいらっしゃいますか？

樋口　それがいないんです（笑）。でも、知り合いの病院の医師がこの地域で開業しておられるので相談してみようかと思っているところです。

それにしても、自宅で急逝した彼女の一件で孝行息子たちの嘆きの様子を聞きまして、私はまだ、日本の高齢者医療は子どもが安心して葬式を出せる状況になっていないと痛感しました。一人暮らしの高齢者であっても、ご本人も家族も納得してお見送りできるような制度を整えてほしいと心から思います。憎らしい（？）お嫁さんにも「あなたの世話にはならない」と言ってはいけません。法治国家の市民は、誰かの世話にならないと、「あの世」に行けないのです。

岸本　そうですね。60代の私たちの世代にとっても、突然死は決して他人事ではありません。

樋口　年を取った田舎の両親を、都会に引き取る方もいますよね。すると、特に父親の中には「わしゃ元気いっぱいで、85のこの年になるまで医者にかかったことなんか一度もない。いくら東京へ来たからといって、この年になって医者の前で素っ裸になるなんてごめんだ」と言って医者にかかりたがらないという話も聞きます。それで息子や娘もつい「これだけ元気だからいいだろう」と思ってそのままにしていると、一人でいるときに床で滑って亡くなって、警察沙汰になってしまうかもしれない。

だから何はともあれ、地方のご両親を引き取って同居なさるようなときは、必ずもよりのお医者さんを一度受診して、カルテを作ってもらうといいですね。

岸本　それは大事なことです。健康な人でも、年に1回、健康診断を受けに行ったりして、いざというときに相談できる医療機関を地域に確保しておくといいですよね。

私も、健康診断やちょっと調子が悪いときに通っていたクリニックがあったのですが、コロナを機に受診先を見直しました。そのクリニックはコロナの際に「発熱患者は診察しません」という対応だったので、いちばん不安なときに受診できないのはどうなのかと考えてしまいました。かかりつけ医についても、もっと情報を整理して、一般の人の誰もがわかるように啓発を進めてほしいと思います。

岸本　リビング・ウイルやかかりつけ医のほかに、樋口先生が万一のために準備されていることはありますか？

樋口　この前の乳がんの手術は大成功で、今もこうして仕事をしていますが、何かあるといけないから、緊急のことは少し書いておかないと、と思っているところです。手術は完璧で誠に痛くもかゆくもない、日本で最高に近い手術を受けることができたと思うんですが、私は既往症がいっぱいあるんです。右の乳がんもそうだし、それから77歳のときに胸腹部大動脈瘤感染症という病気をして死にかけてもいます。3時間

身辺整理をしようという熱意はすごくある（笑）

もかかる手術で、４個もあった大動脈瘤のうちの3個を取りました。だからまだ1個残っているんです。

岸本　それは気がかりですね。

樋口　今回の乳がんで手術をするとき、主治医に「90歳で手術する人なんているんですか？」と聞いてみたら、「１００歳でする人もいますよ」と言われて安心したのですけれど、やっぱり人間は、年齢が上がれば上がるほど手術のリスクも高くなる。こちらも覚悟しなければいけないんだと実感しました。

岸本　私ががんの治療で入院したのは40歳のときでした。いざ入院するとなると、私は一人暮らしなので、どの銀行に口座があるのか誰も知らないんだと気づいて焦りました。そのときに初めて、きちんと整理しておかなければいけないと思いました。

そこで市販の薄くて簡単に書けそうなエンディングノートを一冊用意し、銀行口座やクレジットカードの番号などを書き出したことがあります。

樋口　やはり特に入院なんていうイベントがあると、身辺整理をしとかなきゃいけませんね。

岸本　ええ。樋口先生は身辺整理はなさいましたか？

樋口　それがまだなんですねえ。整理をしようという熱意はすごくある！　大学ノートだけは用意しましたけれど、まだ書いてない（笑）。

岸本　ははは。身辺整理の中で優先順位が高いのは、どういうものでしょう？

樋口　荷物の整理も大事ですが、やはり遺言書ですね。

岸本　財産の多寡にかかわらず、遺言書は書いておいたほうがいいのでしょうか？

樋口　私の戸籍は誠にすっきりしていまして、夫はすでになく、娘が一人。私の財産は娘一人にいくわけです。いかに憎き（!?）娘であろうと「あいつには一銭もやりたくない」というほどでもないのでね（笑）。ガミガミ言うのは玉にキズだけれど、私のことをよく気遣ってくれて、本質的には優しい。ですから、一筆残さなくても、遺産は娘にいくほかはないんです。

でも「高齢社会をよくする女性の会」など関係した団体にいくらかの寄付をしたいという思いもあります。娘からは「私が勤務先の病院を定年になるまで、あと2年は生きていておいてね！」なんて言われているんですけど（笑）。

岸本　あらあら。

樋口　でも、例えば子どもがいない夫婦が長年連れ添って、夫が亡くなった。そうなると妻に全財産がいくわけではなく、夫のきょうだいも法定相続人になります。妻にしっかり財産を残してやりたいというなら、遺言書を残しておく必要がありますね。

あるいは子どもが何人もいて、介護を担ってくれたのはその中の一人で、その子に少し多く財産を残してやりたい、そういうときも遺言書があるといいです。そうでなければ、熱心に介護をした子どもも、亡くなってから葬式だけにやってきた子どもも、同じ相続分になってしまいますから。

今、私の友人にも遺言書を書くようにすすめているところです。彼女はなかなかの資産家ですが、夫が亡くなっていて子どもはいない。財産は六～七人いる姪・甥にいきますが、彼女の面倒を主に見てくれているのは特定の何人かなので、その人たちにせめて家でも遺してあげられるようにと思っているそうです。

岸本　それは遺言書を作らないといけませんね。

樋口　遺言書を作るのは、そんなに難しいことではないんです。財産をこのようにしてほしいという遺言書の全文を自筆で書いたうえで（財産目録はパソコンなどでの作成可）、「自筆の署名」「自筆の日付」「印鑑」の3つが揃っていれば、遺言書として効力を持ちます。

遺言書を書いて相続する本人に渡しておいてもいいけれど、遺言書があることは関係する人たちにも伝えておいたほうがいいですね。

あるいは、2020年から自筆の遺言書を法務局で預かってくれる制度（自筆証書遺言書保管制度）も始まっています。この保管制度を利用する場合は、遺言書の様式が決まっているそうですが、これを利用すれば、遺言書の紛失や偽造などの心配もありません。

岸本　でも、遺言書を書くのは気が進まないという人は多そうです。

樋口　その気持ちは私もわかりますよ。進行したがんのような深刻な病気になっても、なかなか遺言書に手をつけられない人も少なくないです。なんというか、決めるのが嫌なんでしょうね。一度決めてしまうと、後で気が変わったらどうしようとか、いろいろと考えてしまって。

でも、遺言書は何回書き直してもいいんです。変更した箇所に二重線を引いて押印し、どこを訂正したかという付記と署名を添えれば、効力を持ちますから。

岸本　そうですね。皆さん「うちはもめるほどの財産がないから」とか「うちは家族仲がいいから」と思われるようですが、遺産相続で家庭裁判所の調停に持ち込まれたケースの3割強が、相続額1000万円以下だったと新聞報道にありました。遺産が少ないからといって、油断はできないということですね。

樋口　本当にそうです。

岸本　遺言書を書くならば、まだ元気で、遺産相続なんてずっと先と思えるくらいのときが「書きどき」ではないかと私は思います。深刻な病気になってしまうと、日本人はどこか言霊《ことだま》を信じる気持ちがあって「こんなことを書いたら、本当にすぐに死んでしまうかも」と恐れて、むしろ書けなくなる気がします。

例えばお正月などの家族が集まるタイミングで書いてみると、大切な家族に前向きなメッセージを遺せるかもしれませんね。

樋口　全く賛成です。

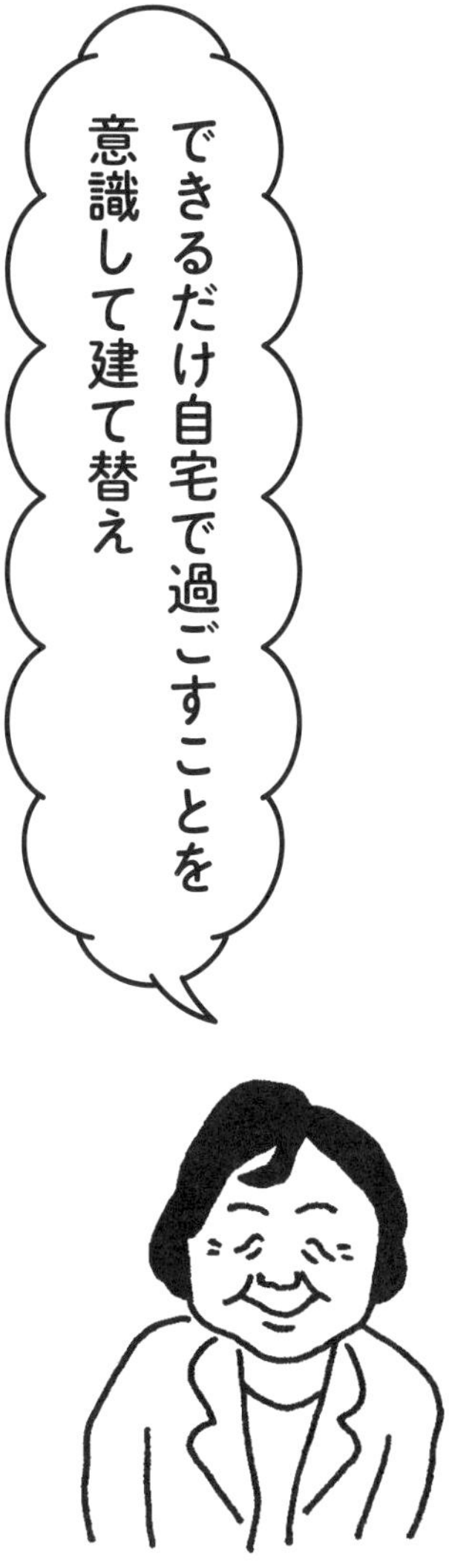
できるだけ自宅で過ごすことを
意識して建て替え

岸本　樋口先生は84歳のときにご自宅を建て直されていますね。

樋口　そうなんです。80歳を過ぎての建て替えは一大決心でした。

もともとは夫が亡くなった後、いずれは有料老人ホームに入るつもりで入居資金を蓄えていたんです。けれども築40年を超える木造住宅は、あちこちで雨漏りがしたり、毎年のように修繕費がかかるようになり、何よりも耐震性に問題ありと言われて、建て替えせざるを得なくなりました。それでまとまったお金はとんでいきました。ちょっとショックでしたね。長年の間にたまった大量の蔵書やものを整理するのも、それはそれは大変な作業でした。

岸本　引っ越しやものの整理は、本当に重労働ですからね。そのとき、終《つい》の棲家《すみか》というつもりで建て替えられたのでしょうか。

樋口　必ずしも終の棲家と決めたわけではないのだけれど、できるだけ自宅で過ごすことを意識したのは確かです。今後の生活に備えて、一応エレベーターを付けたり、お風呂やトイレの扉を引き戸にしたり。バリアフリー設計にもしてあります。

エレベーターなんてぜいたくだと思いましたが、最近よく転ぶようになったのを機に、階段よりエレベーターを使うようになって、本当に助かっています。今は、玄関や廊下にもう少し手すりがあってもよかったかなと思っていますが。

岸本　手すりは後からでも付けられますしね。

私はマンション住まいで、55歳のときに全面改築をしました。一度コンクリートの裸にして、間取りも変えています。トイレと寝室を近くして、寝室から引き戸1枚開けるとトイレという形にして、トイレにも暖房を設置しました。それから、お風呂場のヒートショック対策として、浴室暖房も付けました。あとは将来、廊下などに手すりを付けられるように、壁紙の下に芯材を仕込んでおいてもらっています。

樋口　それはずいぶん用意がいいですね。

岸本　父親の介護の経験がかなり参考になりました。

樋口　岸本さんは、住む地域を決めるとき、何を重要視なさいました？

岸本　その自治体で高齢者政策がどれぐらい進んでいるかというのを、かなり調べて36歳のときに今のマンションを買ったんです。

　その頃、今の私の住まいのある自治体ではリバースモーゲージ方式といって、持っている不動産の評価額の中で有償ケアを利用できる融資をいち早く取り入れていて、それで購入を決めました。ただ利用したいときに不動産の価値が下がっていれば、リバースモーゲージで利用できる範囲も変わってしまうとのことだったのですが。でも、その制度、今は終了しています。

樋口　気をつけておかないと、制度はいろいろと変わりますからね。

岸本　樋口先生は、今は、このご自宅で最後まで過ごそうと思っていらっしゃいますか？

樋口　それは決めていません。だって、この先どうなるのかわからないですから。重度の認知症になるかもしれないし、ヨタヘロしながら頭はしっかりしているかもしれない。そのどっちなのか、先がわからないのに「最期まで在宅」だとか、言えないです。私はあまり決めつけないでおこうと思っています。

岸本　私も最近、ちょっと調子が悪い時期があり、そういう健康不安があるときには自宅にいないで、介護付きの施設に住み替えたほうがいいのかなと思ったりします。でも元気になると「いやいや、やっぱりこの自宅で」と日々変わりますね。

樋口　そうですよね。だから私は上野千鶴子さんみたいに「おひとりさまで在宅死」がいいとは言いきれないです。家で暮らせるならそうしたいけれど、症状によっては家に一人ではいられないかもしれないですし。

岸本　本当にそうですよね。私の知り合いに、すごく用意周到な人がいます。高齢者用の施設見学もたくさんしていて、自分がもし要介護1になったらこの施設に入りたい、もし認知症の診断を受けたら別のこっちの施設に入りたいと、もう行き先まで全部決めて、書き残しているそうです。

樋口　そういうふうにケースバイケースで決めておくのも、一つの方法かもしれません。でも、そこまでできる人はなかなかいないでしょうね。いつまで生きるかわからないのがいちばん困るわね。

岸本　プランの土台が定まらないのですものね。
樋口　葬儀はしないということだけは、この間決めたんだけど。
岸本　そうなんですか。
樋口　うちの亡くなった連れ合いは、葬式でチャイコフスキーの交響曲第6番をかけてくれと言っていたので、そのようにして送りました。現役に近い大学教員でしたから、女子大生の参列も多く、盛大でした。
　夫が亡くなったときは69歳で、私もまだ働き盛りでしたから、そういう頃には友人知人もみんな来てくれたけれど、その頃と今の私の年齢では、周りの親しい方たちの弱り方も全く違います。それでもう、尊敬する吉沢久子先生と同じにして、葬式は不要。するなら家族葬的なごく限られた人数で静かに見送ってほしい、ということにしました。
岸本　葬儀のあり方や高齢期の住まいも、時代とともに徐々に変わってきていますからね。私もこれからの動きをしっかり見つめていきたいと思います。

樋口　身辺整理はなかなか進みませんが、昨年に「墓じまい」はしました。

岸本　墓じまいも気が重いですね。

樋口　今どきは、うちみたいに先祖代々の墓があるけれど、継ぐ人がいないというケースは本当にごまんとあると思うんです。

私は旧姓を柴田といいます。うちの父は名古屋の寺の三男坊で、東京へ出てきて学問をして考古学者として一家を構えていた。だから、父が死んだときには柴田先生のお墓は作らなきゃと、父のファンでもあった石神井のお寺さんが東京の柴田家の墓を無料で作ってくださいました。考古学者の大先生が美しい板碑《いたび》のような墓碑をデザインしてくれて、そこに親きょうだいのお骨が5体ほどあったんです。それが私で尻切れトンボになる。私が柴田の家族のなかで残った最後の一人で、私の一人娘は結婚しなかったから。それで、私が死ぬまでは一檀家《だんか》として柴田家のお墓料を納めるけれど、私が死んだときには私の遺骨と5体のお骨の一部を合同墓に入れて合葬してもらうことにして、そのお金をお納めしました。同じような制度をつくる寺院も増えているようで、私は十分に納得して合葬をお願いしました。

岸本　墓じまいって、お金のこともさることながら、お寺さんに話をしに行くのにもエネルギーがいりそうですね。

樋口　ええ。でも、私は元が寺の出ですし、生きている者の務めだと思っています。
　墓じまいの相談に行ってみたら、和尚さんも代が替わって若い方になっていました。実は先代の和尚さんとは、私の一人目の夫の遺骨を柴田家の墓に入れる・入れないで、意見が違っていました。血縁もつながっていないし、名字も違う。むこうは柴田でこっちは樋口ですから。それで、夫の遺骨を入れないと完全に拒否されたわけじゃないけど「どういうものでございましょうかねぇ」といったまま長くうやむやになっていたんです。

岸本　確か、昔は一つのお墓に同じ姓の人しか入れない規則があったようですね。

樋口　そうです。規則も変わっています。昔は公営墓地などには、一墓石一家名という原則がありました。だから樋口・柴田両家の墓というのができればよかったのに当時は許されなかったんです。

それが昨年、話をしてみたら、うちのような家庭がほかにもたくさん増えたそうで、お寺のほうもいつの間にか立派な合同墓を建てていました。だから、私が死んだときには親きょうだいと一緒に私の遺骨をそこに入れてもらう算段を済ませて、本当に気持ちがすっきりしましたね。

それで次の代である娘に「あなたはお墓、どうするの?」と聞いたら「私は猫と一緒に入れるお墓に入るからいいよ」と言うから、「ああ、勝手にせい」と（笑）。

岸本　そういう需要も出てきそうですね。今は事実婚も同性婚もあるし、ペットと一緒がいいという人もいて、いろいろな希望がありそうです。

樋口　井上治代さん（ＮＰＯ法人エンディングセンター理事長）は、共同墓のグループをご自分たちで作って、「墓の親戚付き合い」と言って、そのお墓に入る予定の人たちが時折り集まって墓参りをしたり、遊んだりしているようです。

岸本　お墓の実態も制度もどんどん変わるから、こちらも知識を更新していかないといけないですよね。うちも両親のお墓が東京にありますが、兄と私が独身なので、私たちの代でお墓を継ぐ人がいなくなります。それで供養塔のようなところに入れてもらうのがいいのかどうか、今きょうだいで話し合いをしているところです。

樋口　そうでしたか。そのようにお墓を継ぐ人がいなくなるケースは今後も増えるわけですから、やはり最終的には、地域などで合同墓地を作ってそこに納めるのはいいことではないかしら。

私は北欧諸国のお墓事情も見てきましたけれど、北欧諸国は宗教が強い国ですから、教会のお墓と、それから地区のお墓、例えば、スウェーデン国ストックホルム市何々地区墓というのがありました。地区の墓は期限付きの貸与で、20年とか30年という期限がきたときに受け継ぐ人がいれば受け継いでもよく、いなければ解約して合同墓に納める。そんなしくみでした。

日本でもこうした地域の合同墓があってもいいと思います。地域で生まれて地域で死ぬというのは、全国誰もが納得しやすいと思います。

岸本のフムフム

死亡診断書を書いてもらえる死に方という言葉が、胸に刺さりました。「住み慣れた家で」「自宅の畳の上で死ねれば」といった願いは、まだまだ抽象的。一人暮らしの私がいわゆる孤独死になることは、本人としては割り切れても、きょうだいやその子どもたちがいます。彼らが心を痛めることが、できればないようにしておかないと。かかりつけ医を持つとか、医療との連携のある施設に暮らすとか。かかりつけ医を持っている「つもり」の私も、往診してくれるクリニックを地域に探しておくことが、この先は大事になってきそうです。

5章 ファミレス社会をどう生きる？

85歳を過ぎると、女性は
独身者がマジョリティ（多数派）

岸本　私は独身ですから、年を取ったときに一人でどう生きていくかは、前々から興味のあるテーマです。

樋口　それは岸本さんだけでなく、社会全体の問題でもあります。

夫婦の年齢は、多くの国で平均して夫のほうが3〜5歳年上です。それに加えて男女の平均寿命の差があり、女性のほうが男性より平均して6〜7年長く生きるでしょう。その二つの相乗効果で、高齢者人口は女性が多数を占めています。65歳の時点ですでに女性のほうが多く、85歳以上になると、女性が男性の倍くらいいます。しかも、単身世帯が少なくありません。

岸本　私もまさにそこへまっしぐらに行こうとしている一人です。

樋口　最近は男女ともに婚姻率が下がっています。統計によると、男性は約四人に一人が50歳を独身で通過します。女性の場合は約六人に一人が50歳を独身で通過します。さらに、結婚していた人でも結婚年齢の男女差と平均寿命の差で、女性のほうが後に生き残るケースもとても多い。

現在、家族のいない単身世帯が急激に広がっています。私は、これをファミリーがない（レス）ということで「ファミレス社会」と言っていますが、それこそ史上初めて、一人暮らしのおじいさん、おばあさんがこんなに増える社会がやってくる。

岸本　それは実感として納得できます。うちの親戚や知人を見ても、夫婦や家族で暮らしていた人も最後は一人暮らし。特に女性はそういうケースが多かったですね。

樋口　昔も、90歳とか100歳まで生きた人はいたわけですが、でもそういう人たちは、当時の三世代、四世代といった大家族の中に包まれて暮らしていました。でも今は、子どもや孫たちと同居というのではなく、一人で老いる男女が増えています。先ほども話した通り、85歳を過ぎると女性は有配偶者より、独身者のほうがマジョリテイ（多数派）です。

岸本　夫婦に子ども二人という昔の標準世帯なんて、今では全然標準じゃないですね。

樋口　全然違います。内閣府「令和3年版高齢社会白書」によると、例えば介護保険制度が始まった2000年は、65歳以上の高齢者のうち、親と子、孫の三世代同居が26・5％いました。それが今は1割を切って、2019年には9・4％まで減っています。代わりに増えているのが、高齢夫婦のみの世帯と、高齢者の単身世帯です。それぞれが3割ずつぐらいで、合計では6割を超えています。

この20年で、日本はあっと言う間に高齢者が一人か老夫婦だけで暮らす社会になりました。こういうことは初体験なわけですから、新しいやり方をみんなで工夫して作っていかなければいけません。

岸本　この前、久しぶりに日本の人口ピラミッドのグラフを見たら、衝撃的でした。「つぼ型」と言われるそうですが、上のほうが大きく膨らんで下が細くて、本当に不安定です。私が小学生の頃、1970年頃に見た人口ピラミッドの形とは全く変わっていますね。

樋口　昔は年を取るとどんどん病気になって亡くなっていきましたが、今は医療が発達しているから、病気があっても長生きできる。

岸本　私は家族がいないので、年を取ったらセキュリティ会社の緊急通報システムを利用するなり、施設に入るなりして、家族以外に支えてもらおうと思っていたんです。だけどこの人口ピラミッドを見ると、その支え手の数自体が少ないので、誰かに支えてもらうのは本当に最後の手段にとっておいて、なるべく自立して暮らしていかなければいけないなと思いました。

樋口　本当に、これからの高齢世代は今の人口ピラミッドの図をじーっと見て、覚悟するよりしょうがないわね。これは事実ですから。

　そして、そのための出費も覚悟しなければいけません。税金や保険料を払って、支え手の人たちを雇用できるように。ボランティアで支える方法もあるかもしれないけれど、私は少しきちんとした雇用にしなければダメだと思っています。昔の時代に家族が担っていた分よりもっと大きい介護労働力を、この一代で魔法のごとく生み出して、無事にくぐり抜けていかなきゃならないんですから。

岸本　私たちにできることは納税や元気なうちのボランティア、他にどんなことが考えられますか？

樋口　ケアというのは人手がかかる作業です。だから、ケアをしっかりとこの社会に必要不可欠な労働として位置づけて、そのスキルを養成する場と働く場をどのように設けていくか、それを考えることです。

岸本　ケアする人の低賃金や労働環境はやはり気になります。必要なところにはお金が回ってほしいですし、待遇や定着率がよくなるようにしなければと思います。

樋口　私は、ここ数年の間に、家族以外の人とも老いを支え合うしくみを大急ぎで作り上げる必要があると思っています。

自治体や民間が経営する老人ホームのような施設を作っていくのはもちろんですが、同時に一人暮らしが増えますから、利用しやすい成年後見制度など、一人で一生を終える人の人権がきちんと確保される社会のしくみを作っていくことも大事です。何しろこの国の高齢者人口のかなりの数が一人暮らしで、予備軍のような人もいっぱいいる。その人たちが人権や財産権をしっかりと保持して、人間として適切な処遇を受けながら長い人生を全うできる、そういうモデルを築いていかないと。

岸本　そういうしっかりとしたしくみがあれば、年を取ることの不安がずいぶん軽減される気がします。

樋口　これは程度の差はありますけれども、実は先進国に共通する悩みなんですね。日本はその中で今、65歳以上が全人口の約29%を占めていて、これは世界一の高齢国家です。現在も少子化が続いていますので、今後の高齢化進行のスピードも速いでしょう。その意味で、日本がどういうふうにうまくやるかを、世界中が固唾《かたず》をのんで注目しています。

岸本　高齢社会というと、北欧諸国が先を行くイメージがありましたが。

樋口　確かにデンマークやスウェーデンなどのような福祉先進国は、私たちが福祉国家を目指すときのモデルだったし、今もまねさせてもらっていますけれど、一方で社会全体の急激な変化という荒波では、日本がトップバッターなんですよね。

だから日本は世界に貢献する、大変大きな立場にいるわけです。家族も少なくなっていく社会で人類が人間らしく、高齢社会で生涯を終えるためにはどうすればいいか。そういう人類的な宿題のただ中にいるのが、今の私たちなのです。

地域のコミュニティで「お互いさま」の関係づくり

岸本　樋口先生はご自宅で一人でいるときに玄関で転倒したということですが、そのときはどうやって助かったのですか？

樋口　顔面はひどくぶつけたけれど運よく意識はあって、まもなく起き上がれましたから、すぐにお隣へ行って助けを求めました。お隣の奥様が事情を理解して必要な関係者に手早く連絡をしてくださって、本当にありがたかったです。それで、うちに週2回来てくれているシルバー人材センターの方たちや助手がすぐに駆け付けてくれました。

岸本　お隣の方がご在宅でよかったですね。

樋口　本当に。それにシルバー人材センターというのは基礎自治体（市区町村）単位での助け合いの事業ですから、地域のコミュニティでもあって、それがとても心強いと思いました。うちが頼んでいる二人のうち一人はすぐ近くに住んでいて、電話から7分で到着しました。もう一人はここから私鉄で2駅ですが、この方も30分で着きました。それから、私の助手が車を飛ばして30分でやってきた。

そして隣の奥様が、医師である娘にも連絡してくださって、娘も一応症状を聞いて「心配ないと思うけれど、今日は静かに寝ていて、明日か明後日にでも病院へ行ってCTを取ってもらったらいい」と。だから30分以内に全員に連絡がついて、うち三人は家へ集まってきてくれて本当に助かりました。

岸本　「遠くの親戚より近くの他人」とはよく言ったものですね。

樋口　年を取ってからは、お隣の方をはじめ、地域の方々に「ゴミ出しなどで不行き届きがあればよろしくお願いします」と、ふだんから敬意を持っていろいろとお願いしています。そういう身近な地域のつながりはとても貴重です。

岸本　地域のつながりは、高齢期や災害時などの命綱でもありますからね。うちのマンションでも災害時などに備えて住民どうしで連絡網を作ったりしています。私も地域のつながりを作る意味でも、マンションで消防訓練などのあるときは、できるだけ参加するようにしています。

樋口　今はこういうファミレス時代ですから、なかには地域に家族も知り合いもいないという人もいるかもしれませんが、一人暮らしで地域に頼れる人がいない方は、地域の民生委員を頼ったらいいと思います。

岸本　民生委員というのは、立場としては、厚生労働大臣から委嘱を受けた非常勤の地方公務員になるようですね。全国の地域ごとに一人〜数名が配置されていて地域住民の相談にのったり、高齢者の家を訪問して話を聞いたり、必要な支援につなげてくれたりする方々です。たいていは、その地域に住む人が無報酬のボランティアで活動されています。市区町村の役所で、自分の住んでいる地域の民生委員を尋ねてみるのもよさそうです。

樋口　ご近所に「何かあったときはここに連絡してくださいね」ということが頼めて、逆に言えば頼まれたら助けてあげられる、そういう「お互いさま」の関係を作っておくといいと思います。

何も地域の人に「お年寄りの面倒をみて」とは言いません。私の転倒事故のときのように、関係者に連絡ができればいいのです。先日も民生委員の数が足りなくて困っているというニュースがありましたけれど、私は手当（活動費）を少し増やしてでも、民生委員の数を増やしてほしいと思っています。だって家族がいなくなってその代わりを誰がすればいいかといったら、地域以外にないですから。

岸本　本当にそうですね。災害を含めていざというときに、あの家は高齢者が一人で住んでいたはずだとか、あそこはお母さんと小さな子どもが暮らしているとか把握していて「どうしているかな、大丈夫かな」とお互いに気にかけあう、そういう関係があると安心ですね。

人に、心も家も開放して「ケアされ上手」に

岸本　シルバー人材センターなど、地域の方に家に来ていただくのに、快く受け入れる工夫はなさっていますか？　よく「家事支援のヘルパーの方がいらっしゃるから、掃除をしておかないと」という笑い話のような例もあるようですが。

樋口　うちはずっと働いてきましたから、シルバー人材センターにたどり着く前も、わが家の家事を誰かにお願いしなければ暮らしていけない状態でした。恥ずかしいけれど、人が家の中に入ってくるのも、冷蔵庫を開けて乱雑の限りを見られるのも（笑）、仕方がないと思ってきました。最初の頃、家事を手伝ってもらったのは、私と同年輩の方。さすがにもう家事支援は無理になりましたが、気心が知れていますから、今でもたまに来てくれて、仲よく付き合っています。

でも、完璧な主婦で、姑が来て冷蔵庫を開けるのも気にいらないという人は、他人を家に上げるのはちょっと大変かもしれませんね。

岸本　そこは覚悟しておかないといけないと。

樋口　私は以前に「ケアされ上手」という言葉を使ったことがあります。ケアには、ケアを提供する側とそれを受け入れる側の両方がありますが、もちろんケアをする人の心がけやケアの技術は大事だけれど、受ける側にも、ケアの受容の仕方の上手下手があるんじゃないかと。少なくともまず家に入っていただいて、家の中を見てもらうことの抵抗感を下げておく。警戒する一方ではなくて、お任せするという態度も大事じゃないかと思います。それが「ケアされ上手」ということです。

岸本　そうですね。私は他人が家に入るのが嫌とは思いませんが、「自分は心が狭いな」と思ったことがあります。

以前、家をリフォームしたときに、引っ越し業者さんに家財道具の荷解きをお願いしたんです。そのときに「あー、その家具の上にそんなに乱暴にものを置いたら傷が……」とか、見ていられないなあと思う場面がけっこうありました。私は、自分の家や家具に愛着が強いタイプなのかもしれません。

それで将来、人にお手伝いをお願いするようになったら、この家をどう使ってもらってもいいと、もっと柔軟にならなければいけないのだなと思いました。

樋口　本当に譲れないことは、説明してお願いしてもいいと思いますけれどね。ところで、こうして年を取って体が弱れば、人の世話にならざるを得なくなりますが、高齢者にもできることはあると思うんです。

例えば、地域のゴミ当番なんて本当に気の張るものですが、高齢になってそういう役割を免除してもらう代わりに、町会費を少し多めに支払う。そういう申し合わせができれば、喜んで乗る人は多いんじゃないでしょうか。

岸本　それはわかります。一方的に助けてもらうよりも、何かできることがあったほうが気持ちはラクですよね。地域で話し合いをしていけるといいのかも。

樋口　話し合いができるといいけれど、こういう地域社会のしくみを住民だけで話し合って作るのは簡単ではありません。

ファミレス社会は日本社会全体の変化です。それを統計的にも現実的にもいちばんわかっているのは政府ですから、そろそろ私は行政が声をかけて、地域の助け合いのあり方にいくつかのパターンを出して、この中のどれかを地域の町内会でやったらどうだろうかと提案していく時期ではないかと思っています。

新しいしくみを考えてどんどん進めていかないと。昔は「路頭に迷う」という言葉があったけれど、今はお金を持っていても世話をしてくれる人が誰もいなくて「介護に迷う」ことになります。

岸本　本当にそう思います。介護難民ですよね。

樋口　これからあと10年ぐらいの間に、この非婚社会・低出生社会・ファミレス社会の中で、貧富を問わず、どうやって人と人とが支え合うしくみを作っていけるかですよ。私はその完成形を見届ける前にこの世を去るでしょうけど。

岸本　私たちの世代で何とかしなくてはいけませんね。

岸本　地域のつながりを作る拠点として、公民館やコミュニティセンターがあります。ああいうものは機能するでしょうか？

樋口　機能しているところと、していないところがあるんじゃないですかね。

かつて、講演で長野県へ行ったのですが、長野県は要介護度をもとにした健康寿命が、女性は全国1位、男性が2位の県なんだそうです（2020年）。

それで、県庁の方を含めて「いったい長野県の何がいいんだろう？」と他の自治体との違いをいろいろと比べてみたら、長野県は公民館の数が日本一でした。それから、

地域の主婦の方などに、例えば食生活改善推進員になってもらうとか、市民が行政の一部に積極的に関わっています。私は、これは二つともすごく大事なことだと思うんですよね。

岸本　長野県は、昔は塩分摂取量が多く、どちらかというと短命県だったようですが。

樋口　だから「健康のために減塩しましょう」と、単に上から啓発するのではなくて、地域の推進員を増やして講習会などを開いて、それで減塩が広がって長寿県になったようです。また公民館というのは誰でも行ける場所ですよね。そういう場が地域の中にあるというのはとても大事だと思います。

岸本　私は俳句の会でも、地域のコミュニティセンターを利用しています。無料でお部屋が使えてコピー機も備えてあります。

ほかにもシニアのサークル活動でも、地域の公民館や体育館はよく使われている印象です。多目的ホールというのでしょうか、座席が可動式で、文化施設としても運動施設としても機能できるものもあり、とても便利。住民税を払っているのですから、使わないとソンという気がします。

樋口　公民館やコミュニティセンターもいいけれど、私は今ある公立小学校の一角に、その地域の高齢者たちが集えるような新しいしくみを作ってほしいと、ずっと思っているんです。少子化で児童が減った小学校を空き家にしてしまうのではなく、それを残して地域住民の拠点にすればいいと。

岸本　いいですね。少子化で小学校の教室も余っているようですし。

樋口　このあたりだと近くの公立小学校まで、歩いて10分もあればだいたい行けるんです。ヨタヘロの人でもこれくらいだったら、自力で歩いてなんとか行けます。

私たちのようなヨタヘロ世代、つまり人の助けは必要だけれど、何とか自立できる部分がそれなりに残されている人たちが集まって、昼間の電気代のいらない時間だけでも過ごせたら、楽しいと思うんです。

小学校には給食設備もあるでしょうから、そこで、おじいさん、おばあさんが集まってお茶を飲んだり、食事をしたりしてもいい。カフェバーならぬ「カフェじい・ばあ」ですよ。

食事のメニューはカレーライスときつねうどんだけでもいいし、そこで働きたい人には、最低賃金ぐらい払ってもいいじゃないですか。そうして集まって語り合ったり、仕事を分かち合ったりすることが、ヨタヘロ世代の大きな活力になると思います。

岸本　確かに小学校だとワンストップですみそうですね。地域の人どうしでおしゃべりができて、食事もできるし、働きたい人はちょっとした就労もできると。

樋口　本当に足腰が弱ると10分の道のりを歩くのもだんだん難しくなるから、できれば1日に2回、朝と夕に小学校を往復する巡回バスを出してくれるといいと思うんだけど。もちろん、タダにしてくれとは申しません。1回に運賃を福祉バス並みに取ったっていいと思います。年寄りは足が次第に弱ってきますから、送迎の方法もなんとか確保してもらって、そしてそこでいろいろなレクリエーションをしてもいいし、麻雀をしたっていい。そうすれば、家にこもりきりで認知症になる人が何割かでも目減りするでしょうし。

でも、小学校の空いているスペースの一部を使わせてくださいと言うと、「樋口さんは若い者の居場所を奪う」とかいって、攻撃されるのよ。でも、いじめられても言おうと思って。残り少ない人生だから(笑)。

岸本　小学校を活用して、地域の方が好きなときに集まれる場を確保するのは、とてもいいアイデアだと思います。一見すると、高齢世代のためのサービスに見えますが、それで医療費や介護費のコストが削減できれば、社会保険料を支払う下の世代も、受益者になるんですよね。

それから私の感覚では、シニア世代でも比較的若い層にとっては、公的な施設と併せて、民間のスポーツジムが重要な居場所になっていると思います。昼間にジムに行くと、定年退職したばかりという感じの男性たちがたくさんいますよ。

月会費を払えば、毎日通っても会費以上のお金はかからないし、家でゴロゴロしているよりもジムで体を動かせば、本人にとっても家族にとっても好都合です。毎日のように通っていれば地域のジム仲間もできますし、会社の中の人間関係しかなかった男性が地域デビューをするのに、いいステップになっている気がします。

樋口　そうですか。ジムで体を鍛えれば介護予防にもなるし、地域のつながりもできる。私も前に男性向けのデイサービスを作ったらどうかといって、杉並区内に実現したことがあったんですよ。ヨタヘロの高齢男性も仲間と好きなことをしているときは、本当に楽しそうでした。そういう楽しみを持てる場を増やしていくのが大事ですね。

樋口　そういえば、コロナ禍で在宅勤務が多くなり、男性の家事・育児時間が増えたという新聞報道がありましたね。

岸本　総務省の「社会生活基本調査」（２０２１年）ですね。６歳未満の子どもがいる夫婦で、夫の１日の家事関連時間（育児時間を含む）が１時間54分になったということです。それでも、妻の７時間28分に比べると４分の１に過ぎないとありました。

樋口　少ないのですが、これまでに比べると過去最長になったと。

岸本　20年ほど前の２００１年の同調査では、夫の家事関連時間はたったの48分だっ

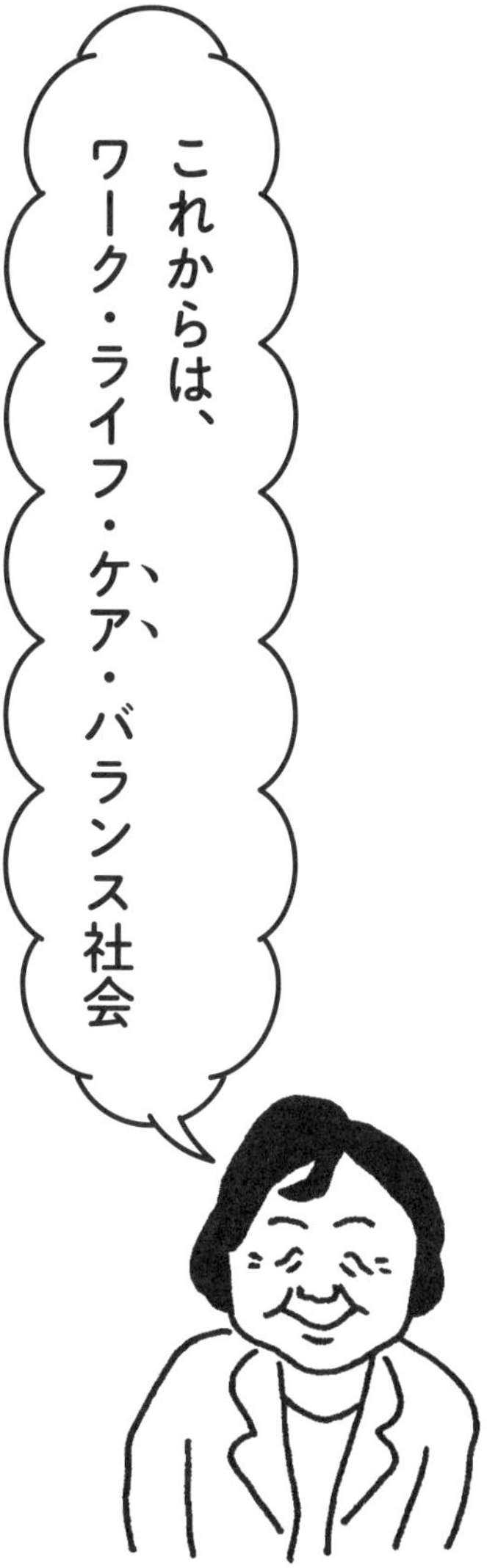

たそうです。

樋口　私が次の世代の方たちにこれから描いていってほしい社会は、「ワーク・ライフ・ケア・バランス社会」です。

「ワーク・ライフ・バランス」という言葉は政策にも入れられて、ずいぶん普及してきました。それはそれで正しいと思います。だけどもう一つ、この人類社会の存続のために絶対に必要なことはなんだろうと思うと、やはり「ケア」なんですよ。

生まれたばかりの赤ん坊は、誰かがケアしなければ育ちません。本当に無力な存在を、両親や祖父母がみんなで支えてケアしていくわけですよね。そして病人があれば支え、死に瀕《ひん》する人を励まし、生涯を終わらせる。人類にとってどういう営みが人間社会を繁栄させてきたかと考えると、生まれてくる命を育て、終わっていく命を見送るケアではないかと。

岸本　「ワーク・ライフ・ケア・バランス社会」を作るために、どういうしくみがあるといいでしょうか？

樋口　ケアは人間として必要不可欠な営みです。これは男か女かの問題ではありません。ですから、男性も女性も、人生のかなりの部分をケアに注がなくてはいけません。

以前に比べて家事時間が増えたという男性たちも、国際的にみるともっと育児休暇を取ったり、家事時間を費やしたりしてほしいですね。それができるように社会全体で変わっていくことが必要です。そもそも「家事」だと思うからいけないんですよ。炊事や掃除、洗濯は自分で生きていくことであり、まず自分のこと、「自事《じじ》」だと思ってほしいですね。

岸本　働き方改革とか長時間労働の解消ということは言われ始めて久しいですが、単に労働時間の問題だけではなく、その下にある意識が変わらないといけない気がします。

樋口　そうですね。「ケア」「ワーク」「ライフ」、これを個人の人生と社会を支える三つの柱として国民全体が受け止め、教育自体も変えていかないと。

知り合いの息子さんが高校からアメリカへ渡り、アメリカの医学部を出て、向こうで医師になっているんです。うちの娘も医者になりましたけれど、その知人から息子さんの話を聞いたら、経験がまるで違うの。息子さんがいた地域では小中学校の頃から必ずボランティアの時間があって、地域のお年寄りを助けたり、子守りに行ったりしているのだそうです。医学部を受けるとなると、模範的なケア施設に週に何回かボランティアに通い続けて、そういう施設の推薦がないと、医学部を受験する資格もなかなか取れないとか。

岸本　そうなんですか。

樋口　それに対して日本では、偏差値が高い医学部に入るために勉強だけを詰め込んでいる。私はその息子さんの話を聞いて「あー、これでは日本はアメリカに勝てないわ」と思いました。日本のやり方なら秀才の一人二人は出るかもしれないけれど、アメリカよりいい医者は育てられないと思ったの。国民皆保険といわれる医療保険制度に関しては日本が格段に優れていますが、一人ひとりの医師の養成コースを見ると、アメリカのような育て方はできていないのかもしれないと思います。

岸本　そういえば、数年前に、医学部受験で女性が不利に扱われていた事実も明らかになりましたね。

樋口　そうそう、医者の世界から女性を疎外していましたね。そんなことをすれば、ますます生活感覚のわかる医者がいなくなってしまう。「ケア」を社会でという考えは、日本はずいぶん立ち遅れていると思います。

岸本　日本では、長らくケアは女性が家庭の中で担うものとされてきて、男性も含めて社会でケアに向き合うという意識は確かに少ないような気がします。これもジェンダーギャップ（男女格差）の問題とつながっているというか。

樋口　私は80代前半までは、何年かに1回アメリカに行っていて、行くたびに地域の人に、高齢者施設と地域の小学校などが交流している場面があったら見せてくださいと頼んできました。3～4日間といった限られた滞在期間ですが、それで拒まれたことはなかったですね。

岸本　そうですか。

樋口　いきなりの訪問でも、「何時頃に人が付き添いますから、ご案内しましょう」と。そして中学生が一人暮らしのおじいさんのところを週に何回か訪ねて、「重いものの上げ下ろしとか、お手伝いすることはありませんか？」と聞いている。とても地道にこまやかに活動しているのです。年にたった数回だけのボランティアではなくって、定期的に活動しているんです。

日本の教育の中で欠けているものは何かというと、そういう地域住民どうしで「気にかけ合う」「視線を配り合う」というケアの視点。それが抜けているような気がしますね。

岸本　私自身は、育児というケアは経験しませんでした。そして親の介護で初めて、私のワークとライフの中にケアが入ってきました。

そこで実感したのは、ケアというのはとても計画が立ちにくいもので、否応なく自分の時間を削られるということです。一方、ワークは社会とつながって計画に基づいて進めていくもので、ケアとワークの原理の違いのようなものを痛感しました。

今は育児も介護も、以前よりは社会に認知されていますが、それでも周囲に言えずに秘かにケアを担っている方も多いと思います。その意味では、家族のケアや病気療養など、計画通りにいかないことをわかり合って「そういうときもあるよね」とカバーし合う、そんな働き方ができる社会が健全なのではないかと思います。

樋口　その通りですね。「隠れケアラー」がいない世の中になってほしいです。

岸本　私も介護を経験して、いつも100%の力で仕事ができる人に合わせた社会というのは、バランスがよくないと気づくようになりました。ケアがある人を特別扱いするのではなく、必要なときは誰でもケアに時間を割けるような、柔軟な働き方が当たり前になっていくといいですね。

岸本　樋口先生は、介護保険制度の発足にも大変ご尽力されました。ご自身では、介護保険サービスはお使いになっていますか？

樋口　これまで1回だけ使いました。胸腹部大動脈瘤感染症の大手術をした77歳のときに半年ほど、介護保険のデイサービス（通所介護）を経験しました。大動脈瘤の手術の後はリハビリのため、体を動かしたほうがいいということでしたので。

今どきの病院は行き届いていて、退院するときに区の地域包括支援センターに連絡をしてくれるんですよ。それで区役所から認定調査の人が来てくれて、家族の状況や

日常生活動作などをいろいろ聞かれましたけれど、それで要支援1か2と認めてもらえたんです。それから半年くらいの間は週1回、デイサービスに通いました。

岸本　そうなんですね。

樋口　通いのサービスなので、自宅まで車で迎えに来てくれるわけです。当時はまだデイサービスへ行くのを近所に知られたくない人もいて、ちょっとコソコソと行くという感じも残っていたんですね。

そこで施設の方々に、うちへ来たら「樋口さーん、○○デイサービスでーす」と大きい声で叫んでくれと頼んだの（笑）。そうして呼ばれたら、私も「はーい、ご苦労様です。すぐ行きまーす」と大声で返事をして、上機嫌でお迎えの車に乗って出かけました。楽しかったですよ〜。

岸本　近所の方にも知ってほしいというアピールですね（笑）。

樋口　リハビリも、体操とかダンスのようなものも多くて、半年ほど楽しく過ごしました。いろんな方ともおしゃべりできましたしね。最後の頃には私もそろそろ講演などに出歩くようになっていましたから、半年後の再認定では「ま、樋口さん、これまででございます」と。つまりすっかり元気になって、その後の要支援の認定は受けられませんでした。私も「そうでございましょうね。不満は全くございません」という感じでした。

岸本　利用されてよかったですね。

樋口　ええ、よかったです。デイサービスでうれしかったことがあります。そこに来ている方々のなかには、私が樋口恵子だと知っている方もいるけれど、全然知らない方もいらっしゃる。

私のことを知らない方の一人がね、デイサービスの最後の日に私のところへ来て「樋口さん、今日で終わりなんですか。もっとお通いなさいまし。いいことを教えてあげます。区分変更を申請なさい。そうするとまた復活できることもありますから」と言って、「樋口さん、病人や年寄りが救われる、こんなよい制度を使わないという手はありませんよ。ぜひそうなさいませ」って。

周りで私のことを知っている人はちょっと顔を見合わせていましたけれど（笑）。私は「ご忠告ありがとうございます、やってみますわ」と言ってね。でも危うく、落涙するところでした。

岸本　それは本当にご尽力なさった甲斐《かい》がありましたね。

樋口　本当にいいお土産をいただいた感じね。感激です。それ以降はまだ使っていないけれど、今度、また要介護認定をしてもらおうかと思っているところです。

岸本　これまで家族が担ってきた介護というものを社会化されたのが、介護保険制度ですから、その功績は計りしれないです。

しかも、介護を担ってきたお嫁さんからだけでなく、介護を受ける立場の方から喜びの声が上がるというのもすばらしいですね。

樋口　ありがとうございます。岸本さんも、親御さんやご家族が介護保険サービスを利用されましたか？

岸本　はい。私も父の介護で介護保険サービスをしっかり利用させてもらいました。介護保険がなかったら本当にどうなっていたか、想像もできません。

家の中の手すりの設置も介護保険でしましたし、車いすや介護ベッドなどの介護用品のレンタルも助かりました。父は当初は要介護3でしたが、少しずつ状態が変わっていくので、そのときどきで必要になるものをすべて買っていたら、どれだけ費用がかかったかと怖いくらいです。

樋口　介護用品のレンタルもできますし、訪問看護やヘルパー派遣などの介護保険サービスも、利用者の負担は1～3割ですみますからね。毎回、負担増の案が政府から出されていますが。

岸本　それからありがたかったのが、ケアマネジャーさんからの情報提供です。トイレの後におしりを洗うのにシャワーボトルを使うといいとか、便利な情報や介護の知恵をたくさん教えていただきました。ケアマネさんはいつも介護用品のカタログやパンフレットでパンパンになったカバンを持ち歩いていて、私たち家族は「介護の知恵袋が歩いている」と話していました。

樋口　お父様はずっと家で過ごされたのですか？

岸本　最後だけ病院でした。要介護5になって、ケアマネさんと「退院後に入れる施設を探さないと」と話していたところで他界しました。逆にいうと、亡くなる直前まで自宅で介護できたわけです。それは全く介護保険のおかげにほかなりません。

樋口　ああ、それはよかったですね。医師や看護師、介護士、ケアマネジャーといった医療・介護の専門職の支援は本当に頼りになりますからね。

増える介護費をどう支えるか、みんなで議論を

岸本　介護保険制度は、高齢世代にとってもその家族にとっても本当にありがたいものですが、最近は少しずつ対象やサービスが見直されていますね。

樋口　今は財政難で、介護度が「要支援」では、以前の私のようにはサービスを受けられないことも。さらには要介護1、2もサービスを減らすという話で大騒ぎになっています。要するに、財源も介護の人材も限られたなかで、より重度の人にサービスの対象を絞らざるを得なくなっています。

岸本　本当はもっとこうしたらいいのにという、ご意見やご要望はありませんか。

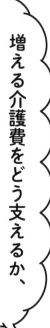

樋口　それは、いくらでも要望はありますよ。だけど財政を思うと、この厳しい時代に、高齢者という特定の年代にサービスを充実させることに国民の合意を得られるかどうかですね。

私は日本の介護保険と医療保険は世界に誇れる制度だと思っていますよ。今の介護保険制度はよくできています。保険料で国民からお金を集めたら、それと同額の公的資金を介護保険に使っていいという制度ですから。

これまで政府は「福祉を充実するから消費税を上げさせてください」と言って、二度消費税を上げていますが、介護保険法そのものは変えていません。つまり、介護に使える公的資金はそれほど増えていない。それにもかかわらず、介護ニーズはどんどん増大していますから、今や介護保険だけでは立ち行かなくなりつつあります。介護が原因の自死などの悲劇もあとを絶ちません。

岸本　今後は、介護保険だけでは十分な対応ができなくなる。

樋口　だから政府がよく説明をして、国民も納得して、それで介護保険料を上げてもかまわないのかどうか。あるいは介護保険料と同額の公的資金に、プラスアルファの税金を上乗せするとか。そうすると、今度は他のことに回せる税金が少なくなるわけですから、何を削ればいいのか。そういうことをきちんとデータを出して説明して、選挙でもやってもらうしかない。それでお年寄りにお金を使うのがもう嫌だという人が多ければ、これは仕方がないですよね。でも、政府は問題を整理して、その大きな問いかけを一度もやっていません。

岸本　確かにおっしゃる通りです。

樋口　財源論抜きで理想的な制度を目指せという人もいるけれど、これはなかなか無理な話ですよね。私は財源論もきちんとやらなくてはと思っています。

私の記憶では、戦後に一度だけ、国が財産税というものを徴収したことがあります。わが家は資産家というにはほど遠く、自分の家屋敷があるぐらいでしたけど、その程度の家でもいくばくかの財産税を取られました。

そういう戦後の窮迫と同じぐらい、今の財政は大変です。だから私は一度だけでもいいので、一定の富裕層からは特別に出してもらう介護支援特別税を作るのも一つの方法ではないかと思います。よほどきちんと計算して、国民に理解を得なければいけないと思いますけれど。

介護保険法は、集めた保険料と同額の公的資金を引き出せるしくみになっていますから、それを3年ぐらいの時限立法で、集めた資金の1・5倍にするといった方法などを提案してほしいと思います。そういうことを精密にきちんと計算して、介護のほうへ使える資金を引き寄せないと本当にやっていけません。こっちが豊かになれば、あっちが綻《ほころ》びるというわけですから、国民的な大論議が必要なんです。

岸本　財源ということでは、現在は40歳以上の人から介護保険料を徴収していますが、それを35歳以上にするといった方法も考えられますね。

若い世代の負担を増やすようなことをいえば、非難を浴びてしまうかもしれませんが、高福祉国の北欧諸国は国民所得の6〜7割が税金などとして徴収されるとか。北欧のように、自分たちの将来のために「国にお金を預けている」と考えれば、30代から準備を始めるというのも決して悪くないのではと思います。

樋口　これは本当にこの国を左右する重大な問題です。若い世代に理解が得られなければ、我々高齢世代も含めてある程度資産を持つ人が、その一部を拠出するくらいの覚悟を持ってやれるのかどうか。それが問われていると思います。

岸本のフムフム

父の介護では、介護保険があって本当に助かった私ですが、胸をなでおろしてはいられません。介護保険の始まりからわずか20年で、社会はがらりと変わり、家族以外すなわち「他人」と老いを支え合っていくことが必定となりました。プライバシーの意識から、特に都市部では互いに踏み込まない関係を築いてきました。これからは部分的なチェンジが必要そうです。自己開示の姿勢を持つ。家へ入られる抵抗感をなくす。視線を配り合う、ただし偏見は交えずに。習慣を変えるのは難しいことですが、「警戒」と「受容・お任せ」との折り合うところを探していきます。

6章

人生100年を幸せに生きるために

高齢期を生き抜くために
「65歳の義務教育」を

樋口　私は、高齢者自身がこの変化の激しい社会に対応しながら、気持ちよく老いていくためには「65歳の義務教育」が必要だと思うんです。「義務」というのは、老いる当事者にとってもですが、全く新しい人生１００年時代を生きる国民への、国や自治体の義務ではないでしょうか。

岸本　確かに私たち世代もこれから高齢期を迎えるにあたり、知っておくべきことがたくさんあります。介護保険制度のしくみやかかりつけ医の話なども、今はそれぞれの人が必要に迫られて調べていますが、行き当たりばったりで知識を得ている状態です。そうした知識をまとめて学べる機会があるとよさそうです。

樋口　そもそも、介護保険はどうやって利用すればいいのかを知らない人もいっぱいいます。どこに聞けばいいのかわからない、と。一部の大企業では定年の5年前ぐらいになると、会社の中で定年前講習を開催してくれるところもあるようだけれど、そういうところばかりとは限りませんから。

岸本　「65歳の義務教育」の内容は、どんなものがあるといいでしょうか。

樋口　まず、介護保険、年金のような身近な福祉制度の手続き、それから、成年後見制度のしくみなども。法律だって昔とは大きく変わっています。セクハラという言葉は日本では1980年代後半頃からありましたが、パワハラという言葉が生まれたのも、DV（ドメスティック・バイオレンス：配偶者などからの暴力）防止法ができたのも21世紀に入ってからのこと。2019年にはパワハラ防止法も成立しました。こういうことも知っておいてほしいですね。

岸本　人権についての感覚も、昔と今では大きく変わりましたね。

樋口　あるときにDVについての集会があってね。勇気のある高齢男性が一人立ち上がって、「男が悪い、男が悪いって言うけれど、俺たちが育った頃は、言うことをきかない女房なんか横っ面を張り飛ばすのは当たり前だった」と言ったんです。「ひどい！」と思いましたが、確かに昔はそういう文化の地域や家庭もあったと思います。

岸本　そうですね。それが染みついたまま、おじいさんになってしまったと。

樋口　そういう高齢男性は、ＤＶ防止法があるんだということも知らないわけです。彼らが夢中になって仕事に没頭している間に、いつの間にかＤＶ防止法ができていて、テレビや新聞のニュースを見なかったらそれを知る機会もない。学んでおかないとまずいと思います。

岸本　世の中がものすごいスピードで変わっているので、情報をアップデートしないといけませんね。

樋口　もちろん、自分自身の権利についても学んでほしいですね。介護保険は申請しなければ利用できませんから、65歳になったら、まだ用事はなくても一度、もよりの地域包括支援センターを訪ねてみるのもいいと思います。場所を知っておく、ここで何ができるのか情報を集めておくだけでも、いざというときに安心です。それから、前にも話したように地域の医療機関も探しておきたいところです。

それに、高齢期には誰でも一人暮らしになる可能性がありますから、男性も料理をしないとね。昔「女は家庭科、男は技術科」という時代が長らくありましたが。デジタルについても、私も含め、特に女性には苦手意識を持っている人も多いですが、基本的なことを教えてもらえる講座があるとうれしい。

岸本　それはいいですね。私もぜひ「65歳の義務教育」を受けたいです。

今でも自治体や公的機関で定年後のライフプラン、マネープランといった講座を開催しているところはあります。けれども、それは積極的に勉強してみようと思った一部の人にしか届きませんし、内容も限られています。

その点、小中学校の義務教育と同じように誰もが必ず学べるようなしくみがあれば、多くの人が助かるのではないかと思います。

樋口　それに今は人生１００年という長い時間を得たわけですから、いくつになっても学ぶ幸せを享受してほしい。自分の意志をもって学び続け、一生、自分や家族、仲間たちの幸せを追求してほしいという気持ちもあります。

私は以前、文部科学省の委員会に関わり、２０１２年に「長寿社会における生涯学習の在り方について」というまとめを作りました。せっかく長生きできたんです。年を取っても人々が平等に学び、幸せを構築するためにどうすればいいのかを考えていかないといけませんね。

つまり、国や行政が主導して人生二度目の「学びの場」を作ることで、高齢者も持って生まれた能力を発揮したり、新しい能力を開発したりする。そうすることでこの世の不幸せが一つでも減り、幸せが一つでも増えるようになってほしいと思っています。

岸本　それは本当にすぐにでも実現してほしいです！

岸本　樋口先生は、あと何冊か本を書きたいとおっしゃっていました。どんなテーマをお考えですか？

樋口　私が書きたいと思っていることはいっぱいありますけれど、目の前にあることでいえば「ヨタヘロ期の市民化」です。

ヨタヘロ期であろうと、当然ながら選挙に行きたいし、死ぬまで一有権者、一市民としてできることをしたいと思っています。２０２２年の参議院選挙でも、足の弱った高齢者や身体障害者の投票の機会が十分に保障されていないと話題になっていまし

たが、そういう機会をできるだけ保障するのが、国の立場ではないかと思っています。

岸本　選挙で投票をするという参政権は、戦後になって女性が手にした権利であって、まさに社会参加ですからね。けがや障害のために候補者の名前を書けないようなときは、投票所の係の人に伝えれば代筆をしてもらえるそうですよ。

樋口　そういうサポートを知っておくことも大切です。

それから最近、新聞の投書などでもときどき、ヨタヘロし始めているけど、まだ要介護認定は取れないというぐらいの高齢者たちが「私も何かのお役に立ちたい」とさかんに言っているんですね。何か今の自分にできることで、世の中の役に立ちたいと。

岸本　その気持ちは私もわかります。現役で働いていたときに比べれば、年とともにできることは減るかもしれないけれど、できることで役に立ちたいという気持ちは多くの人が抱いていると思います。

樋口　私はずいぶん昔ですが、ある雑誌で「新語の歳時記」というコラムを連載していたんです。そこで取り上げた新語に「微助っ人（ビスケット）」というものがありました。当時は誰の言葉かもわからなかったのですが、要するに「わずかな助っ人」として微力ながら、少しでもいいから周りの人を助けたいという地域活動の話だったと思います。男性からの提案でした。

それを40年ぶりぐらいに思い出して、私の本に「ヨタヘロ期　われもなりたや　微助っ人（ビスケット）」と書いたところ、それは北海道の男性のサークルで、今も活動が続いていると教えてくれた人がいて、驚きました。

私は70代後半からの後期高齢者は、周りに支援してもらいたいことがあれば、大いに言ったらいいと思うんですね。それと同時に、自分たちでもまだできることがあるから、お役に立てるところがあったら使ってほしいということも声を大にして言っておく。今はこれだけ人手不足の時代ですから、高齢者も弱者も互いに助け合わなければいけないと思います。

岸本　小学校での「カフェじい・ばあ」のお話も、高齢者がサービスを提供してもらうだけでなく、自分たちでも配膳などできることをして参加するイメージでしたよね。「ヨタヘロよ、町に出よう！」ということですね。

樋口　そうです、そうです。ヨタヘロの市民化、ヨタヘロの社会参加です。

岸本　さまざまな労働力の担い手が不足しているから、微助っ人（ビスケット）でも積み重ねれば、大きな力になりそうです。

樋口　まずは「自分のことをできるだけ自分でする」だって、いいんです。それで余力があれば、誰かのために自分のできることをして社会とのつながりを持つ。日本では年を取って施設へ入ったりすると、社会からぱっと切り離されて「施設の人」になってしまうことが多いですけれど。

岸本　私自身は特定の技能もないし、体力もあるほうではないので、自分がヨタヘロ期になって何か人の役に立てることがあるのか、今は想像がつきません。それでも「役に立つ」というのは、必ずしも労力を人に提供することだけではないのかもしれないとも思います。

前に何かの投稿欄で読んだのですが、ある美容師さんが、いつも髪を切りに来る認知症の高齢女性に「助けられた」と書いていました。女性は認知症があるので、聞いた話は毎回忘れてしまう。けれども、美容師さんが髪を切りながら、ふと悩みや愚痴を漏らすと、その女性は「本当にいろいろあるわよねー」と相槌を打って、とても上手に聞いてくれるそうです。女性ご本人はおそらく何も覚えていないだろうけれど、そうやってつらい時期に毎回愚痴を聞いてくれて非常に救われた、という話でした。

それを読んで「無用の用」ではないけれど、人のために労力を提供できなくなっても、その人の存在自体が役に立つというか、周りの人に影響を与えられることがあるんだなと感動しました。

樋口　人は人とのつながりの中で生きていますからね。

岸本　私もこれからヨタヘロ期へと向かっていきますが、どんな状態になっても人とのつながりの中にいて、そこで周りの人を励ましたり気遣ったりできる、そういう存在になれたらうれしいと思います。

70代は老いの働き盛り。
「命は長し、働け女たち」

岸本　今の女性の働き方や社会への関わり方で、もどかしく思うことや、こうすればいいんじゃないかと思われる点はありますか？

樋口　岸本さんは、男女雇用機会均等法の世代ですか。

岸本　均等法の少し前です。

樋口　均等法以前だけれど均等法のにおいがしてきたから、我々世代に比べれば、仕事を持っている方は多いですよね。

岸本　そうですね。それでも民間企業で長く勤めた人はまだまだ少ないです。ずっと働き続けているのは学校の先生や公務員か、お医者さんなど何かしら手に職のある人が中心ですね。

樋口　デンマーク出身の社会学者で、イエスタ・エスピン＝アンデルセンという方がいます。福祉政策学者としては世界的に注目されている人ですが、彼が『平等と効率の福祉革命―新しい女性の役割』（岩波現代文庫）で言うには、スカンジナビア半島ではもうでき上がっているけれど、世界でもだんだんでき上がっている国が多くなっているのは、「女性革命」なんだそうです。

つまり、スカンジナビア半島の国々では、女性も男性と同じように人生の大半を働いて、自分で税金を払い、自分の生計を維持し、自分の年金を自分の働きで作っている。男女差別のない職場で、男女差別のない税金制度の恩恵に浴しています。

それから、いわゆる先進資本主義国といわれるイギリス、フランス、アメリカあたりが男女平等に働ける政策をとってきています。

岸本　日本では、少なくとも私の世代では、女性は結婚や出産で仕事を離れるのが当たり前でした。

樋口　よく言われてきたのは、女性の生涯の就業率はM字型だということですね。

女性は学校を卒業して働きに出て、就業率は一度目のピークに達する。そして子どもを産むときにどっと仕事を離れて、子育てが一段落したら、また再就職をする。このM字型が明確に残っているのは、先進諸国で日本だけであるといったことが、もう30年ぐらい前から言われています。

岸本　男女雇用機会均等法の後も、劇的には変わらなかったのですね。

樋口　日本でも今はM字がずいぶん解消されてきましたが、世界中の国々が、女性たちにどんどん平等に働いてもらって、税金や社会保険料を払う人を増やそうとしてきたわけです。そのなかで、ジェンダー問題で取り残されている国は日本だけが顕著ですね。

岸本　最近は少子化で労働力人口が少なくなり、少しでも女性に働いてもらおうということで「女性活躍」も叫ばれていますが、世界から見たら、今頃そんな話をしているのか、となりますね。

樋口　ジェンダーの中でも、日本が唯一世界に誇れるのが低年齢の教育機会の男女平等です。日本はその面で世界一教育の程度も高く、女性の資質も高い。だから、そうした優秀な女性という労働力資源を、社会できちんと待遇しなければなりません。そのためには、女性も男性と同じように働ける環境を国が作っていかないと。その代わりに、女性も税金や社会保険料を支払って、世界一高齢者の多い社会をみんなで支えていく形にすればいいのです。

岸本　そうですね。最近の若い女性は世帯収入を確保するためにも、働き続ける選択をする人のほうが多くなっています。ただ気になるのは、仕事と家庭でどうしても女性の負担が過重になりがちなところです。女性が男性と同じように働くとともに、今まで女性が家庭で担ってきた役割を男性とシェアしていくことも、一緒に進めてほしいです。

一方で、シニア世代になると子育てや介護が終わり、時間的にも気分的にも余裕ができる人が多くなりますから、働ける人は再び働いて、社会を支える側に回るというのもいいのではないでしょうか。

樋口　そうです。老後の生活資金という意味でも、働くことは大事です。特にずっと専業主婦だった女性は注意しなければなりません。今のところ基礎年金以外、自分の公的年金がありませんから、夫と二人のときは年金だけで生活ができても、夫が亡くなると、受け取る年金額がガクンと減ってしまう。夫の遺族年金をもらえる人もいますけれど。さらにいえば、がんばって働いてきた女性だって男性に比べれば賃金は低いですし、育児・介護で仕事を離れていた期間が長いと、十分な年金額を得られないということもままあります。つまり、高齢期に収入が激減して生活に困る「貧乏ばあさん」になる人が多いのです。

それを防ぐにはどうすればいいかといえば、もっとも確実なのは、元気なうちは働くことです。

岸本　そうですね。「貧乏ばあさん」の問題は、私にとっても切実です。

樋口　なにも現役世代と同じように働く必要なんてないんです。ちょっとした簡単な仕事を週に何回かするのでもいいですよね。

料理や掃除が得意な人なら、その家事力を生かしてシルバー人材センターなどに登録して、地域で働く方法だってあります。シルバー人材センターは、高齢者が働いて生きがいを得るとともに、地域社会の活性化を図ることを目的とした国の事業です。市区町村単位でセンターが設置されていて、60歳以上の人であれば登録できます。時給は、その地域の最低賃金程度が多いようです。

私は日頃から「70代は老いの働き盛り」と話しています。「60代なんて、まだまだこれから」という年齢ですよ、岸本さん。その人に合ったペースで働けば、人と接する機会が生まれ、ときには「ありがとう」と感謝されたりもします。そして多少なりとも、現金収入を得られます。昔「命短し、恋せよ乙女」という歌がありましたが、今は「命は長し、働けばあさん」ですよ（笑）。

岸本　そうですね。60を過ぎた私の同級生も、定年後の再雇用で働いている人も多いですし、家事支援会社に登録して、地域の若い人の育児のお手伝いをしている人もいます。そういえば、前に泊まった地方のホテルは、朝食が充実していることで人気です。レストランの営業は朝食の時間だけ。シェフは定年まで一流ホテルに勤めていたそうです。1日厨房に立つのは体力的にもうつらいけど、朝食だけなら十分できるということで、これまでの腕を生かして活躍されていました。配膳などのスタッフも、パートタイムで来ている地域のシニア女性たちです。制服を着て1日3時間だけ働くのがよい張り合いになっているというお話でした。そういう姿を見て、無理のない形で働くのもいいなと思ったものです。

私も大企業の会社員のように手厚い年金があるわけではありませんから、これからも体と頭が動く限りは、石にかじりついてでも働き続けます！

やってみなけりゃ、わからない。まずバッターボックスに立つ

岸本　樋口先生は、その世代では珍しく娘さんを育てながらキャリアウーマンとしてずっと活躍してこられました。仕事を続けるうえで意識されていたことはありますか。

樋口　私の場合、とにかく夢中で働いてきたという感じですが、仕事を続けられた秘訣を一つ言うとしたら、「自尊心が高すぎなかったこと」ですね。

　この言葉、実は20年くらい前に東京家政大学の大学祭で卒業生の女性が話していた言葉です。女子大ですから、子育てで仕事を離れた人が多く、再就職に成功した先輩たちが呼ばれて学生に話をするという会に私も呼ばれて行ったんです。

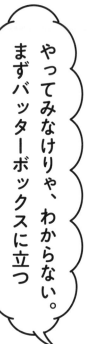

その女性は再就職で臨時の公務員になり、昇格して今は責任あるポジションにいるという方でした。非常におもしろかったのが、先ほども話しましたが、その女性が「私が再就職に成功したのは、自尊心が高すぎなかったことです」と言ったことです。

それまで私はそんなことは考えたことがなかったけれど、よくよく考えてみると「私も同じだな」と思ったの。というのは、結婚して一度家庭に入ったけれど、娘を育てながら再就職をしたいと思って、新聞の三行広告を見ながら、履歴書をせっせと送り続けたんです。

岸本　そういう時期があったのですね。

樋口　私のこの行動の原点は何かといったら、当時の池田勇人首相の「所得倍増計画」ですよ。率直にいって、私はお金が好きなんです（笑）。それで所得倍増計画が打ち出されたとき、今のままでは夫の所得が倍増するだけだけど、私が働きに出れば、私の所得も倍増する。これに乗らない手はないと思ったわけ。

私が再就職したいと言ったら、夫は一言だけ「暮らしに不自由するような給料は渡していないつもりだ」とすごみましたけれどね。だから「はいはい、ありがとうございます。でも、私はもっといい暮らしがしたいんです」って（笑）。それで朝日新聞の求人広告欄を見て、１００通は書いたわね、履歴書を。

岸本　まあ、ずいぶんたくさん書かれたんですね。

樋口　それで、そのときにある研究所の臨時職員募集があって、そこへ応募して採用されました。その職場で働いている人たちは上品で、給与も悪くはなかったから、このまま働いてもいいかなと思い、正社員になりたいと手を挙げましたが、「悪いけど樋口さん、うちの組織の規約で、今働いている女性も結婚したらやめるという一筆を書いて入っているんですよ。樋口さんを採用したのは臨時だからであって、この研究所では既婚の女性を正社員に採用することはあり得ないのです」と。だから、そこで働き続けるのはあきらめました。

岸本　あからさまな女性差別ですね。

樋口　当時はそれが普通でした。それでまた広告を見ながら、当時、学習系の出版社として伸び盛りの会社に応募しました。募集している部署に保育編集部・女性編集部があって、「保育と女性問題に関心のある人、求む」とあるから、これこれと思って行ったわけです。

筆記試験をくぐり抜けて重役面接へ行って、そこで私が「今2歳になる子どもがいますけれども、もうとっくに手を離れましたので」なんて言ったら、向こうが履歴書を落っことしかねないぐらいに驚いて、「あなたは子どもさんがいるの？　ここの会社は妊娠4カ月で退職の内規があります。ここには共働きの女性はいるけれど、子持ちの女性は一人もいないんですよ」と。それで、交通費を出すから帰ってくれと言うわけ。

岸本　「ブルータス、お前もか」ですね。

樋口　私も一般の女性の職場における地位というのを、やっとその再就職活動で知ったわけです。それでも「ここは保育編集部、女性編集部でしょう。お母さんに読んでもらいたい雑誌ですよね。それなのに母親の目を除外して、いい雑誌ができると思うのですか」とか、さんざん言ってみました。

すると面接官の女性編集部長と、後に私の上司になった保育編集部長が二人でこそこそ相談を始めて、「うちの会社の内規は妊娠4カ月で退職で、この人は別に今、妊娠しているわけじゃないからいいんじゃないか。おもしろそうな人だから、社長面接まで残そうか」と言って、社長面接まで残すからもう一度いらっしゃいと。

それで社長面接で「樋口さん、子どもさんは2歳になるけど誰が見てくれるの？

ああ、おばあちゃまがいらっしゃる。ご主人も賛成していますね。それなら来てもらおう」となりました。

岸本　言うだけ言って、よかった。

樋口　だからやる、やってみる。迷ったらやってみることです。

それで保育編集部に私が所属し、少しずつ原稿を書いたりしているうちに、私がちょっと書いたものが新聞に取り上げられて注目の的になって、今度は原稿の依頼が外部から来るわけですよ。

岸本　まさに所得倍増計画！

樋口　だから「私は大学を出ているから、こんな条件で仕事はできない」とか、高すぎるプライドを持っていたら、今のように長く働ける人にはならなかったと思います。何事もやってみなけりゃわからない。迷ったらやる。やってみてダメだったら、また次の何かをすればいいんですから。

80代でデジタルデビューを果たした若宮正子さんは、今は政府の委員になったり、世界でも注目されて、大変な売れっ子ですけれど、彼女の言葉に「バッターボックスに立たなければ、打てるかどうかわからない」というのがあります。まずバッターボックスに立つ。そうすれば、球がそれて当たることだってあるかもしれない。でも逆にいえば、バッターボックスに立たなければ、それはあり得ませんから。チャンスは受けて立つことだと思います。

岸本　私は、女性の就職が限られた時代にやっと入った保険会社を2年と少しで辞めて、今でいうフリーターになりました。周りからは「大丈夫？」と心配されましたが、そこで人と比べなかったので、そういう意味では自尊心は高くなかったと思います。20代後半は、パートで美容院の紹介記事を書いたり、いろんなことをそのときどきで楽しみながらやっていた気がします。

樋口　そうですか。私も物書きとして、これからどうやって生きていこうかといつも考えていた若い頃を思い出します。

岸本　50代で俳句番組の司会のお話をいただいたときも、テレビの進行役は全くの未経験でしたが、やる前から「できません」と言うのでなく、「とにかくやってみよう」と挑戦しました。勝手がわからず、視聴者からお叱りを受けたりもしましたが、結局7年間務めさせていただきました。何事もご縁だなと、つくづく思います。ちょっと勇気を出して、バッターボックスに立ってみることが大事ですね。

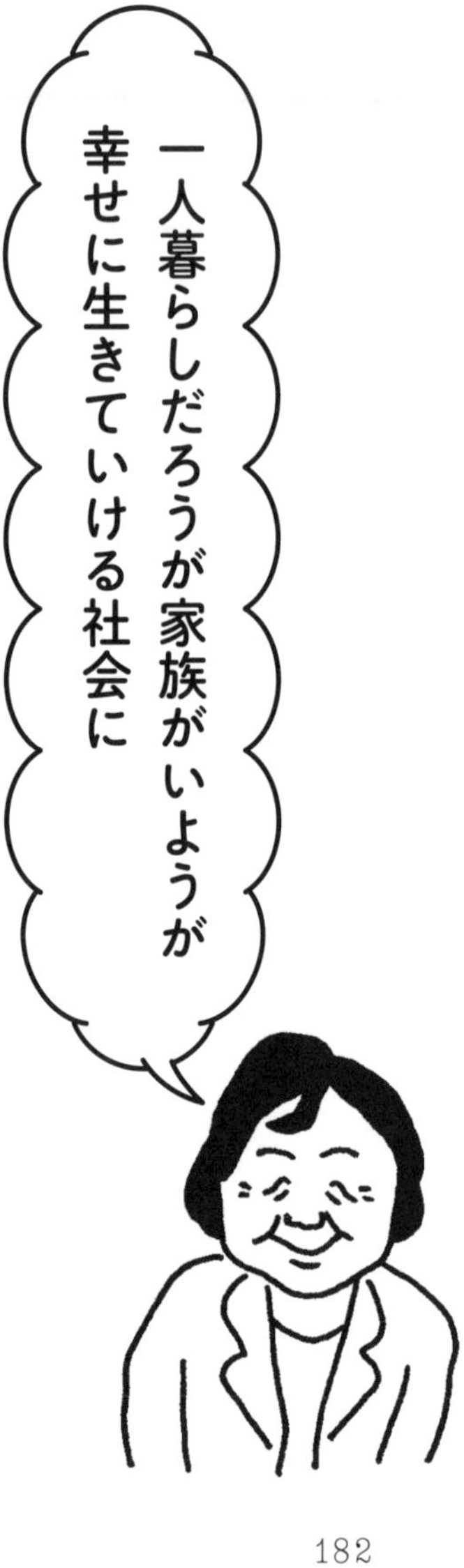

岸本　樋口先生は「高齢社会をよくする女性の会」の理事長として今も精力的に活動されています。２０２２年には「樋口恵子賞」を創設されましたね。

樋口　私が90歳になったのを機に、副理事長の一人の袖井孝子さんが提唱してくれました。私としては、晴れがましすぎて面映《おもは》ゆいことだったんですけれど。今後の幸せな超高齢社会づくりに尽くしたり、これから生まれてくる子どもの未来が輝く社会を目指して活動している個人や団体を表彰するという賞なんです。

岸本　すばらしいと思います。

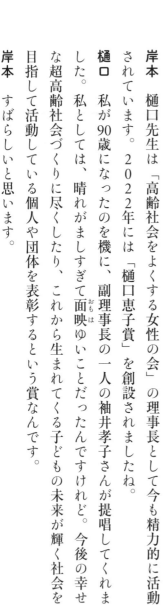

樋口　表彰っていうと何だか上から目線でちょっと嫌だなと思うこともあったんです。それに、介護保険制度ができる前ですが、全国の自治体や社会福祉団体が中心になって、「介護嫁表彰」「模範嫁表彰」をしていた時期があります。これには本気で腹を立てていました。1日たりとも介護を代わってあげたり、デイサービスを作ろうというんではなくて、どこかで審査員が集まって「あそこのうちの嫁はよくやっているから表彰してやろう」というもの。私はとても喜べませんでした。

岸本　役割の固定化というか、介護の社会化の真逆ですよね。

樋口　家族に代わって社会でお金を出し合って介護保険を作ろうという時代に。ただ、表彰の効果というのも確かにあるんですね。それは社会のほうがもっと遅れているから。うちの会員に「介護嫁表彰」で表彰された人の意見を聞いてもらったら、意外にも表彰されたお嫁さんたちが心から喜んでいるというんです。それまでは夫も家族も嫁が介護するなんて当たり前だと思っていて「ご苦労」の一言もなかったそうです。それが町長から表彰状が来る、社会福祉協議会会長が挨拶に来る。そうすると夫も女房のしていることが町長に頭を下げられることなのかと気づいて、「お前、ご苦労」と初めて言ったそうです。それはお嫁さんにとっては涙の出るような経験だったのです。

別のケースでは、小姑が四人揃って、長男の嫁の介護の仕方が悪いとかなんとか小言ばかり言っていたそうです。表彰が決まったら、その小姑たちが「お姉さんがしていたことは大変なことだった」とわかって、四人でお金を出し合って表彰式に行く着物を作ってくれたんですって。これは聞くほうも涙ながらの取材でしたね。

岸本　そういうこともあったのですね。

樋口　当たり前のこととして埋没していたことが、表彰制度によってよいことだと天下に公表されたわけです。アメリカでも、よくボランティアで活動する人を表彰しています。「いいことはいい」と言いましょうという雰囲気がある。

私はそこで表彰に対する考え方がちょっと改まりました。「いいことはいいこと」として表彰し、一緒に励まし、祝福しようよと。ですから樋口恵子賞も、こちらで用意できる資金の範囲で10年なり20年なりの時限的な表彰として行う分には、よいのではないかと思うようになりました。

私は人に恵まれてここまで長生きできたので、これからの人生もよりよい長寿社会のために尽くしたいと思っています。今回の賞もその一環として、「未来の幸せな社会」のためにがんばっている方々を応援できればと思います。

岸本　これからの社会を生きる一人として、身が引き締まります。

樋口　岸本さんは、ちょうど私の娘と同世代ですよね。私自身の生きてきた世代と娘の世代との違いでいちばん大きいのは、若い世代から高齢世代まで、シングルで生きる人が増えたということです。だから、この世代の娘への愛も込めて言いますけれど、「一人暮らしが幸せでなかったら、この世はおしまいだ」ということ。一人暮らしでも幸せに生きていける社会を作っていってほしいと思っています。

岸本　一人暮らしでも、安心して老いることのできる社会ですね。

樋口　今後、生涯結婚しない人や子どもを持たない人は増えるでしょうし、結婚して家庭を持ったとしても、子どもが育った後は、夫婦二人や一人で生きるときが必ず来ます。その意味では、おひとりさまが多数派の「ファミレス社会」はこれからもますます進んでいきます。

だから、その中でどうやって暮らしていくかといえば、人それぞれ、一人暮らしだろうと家族がいようと、少なくなった家族や乏しくなった近隣の人間関係を大事にしながら、お互いに助け合って生き、死んでいくよりほかはないと思います。

岸本　そうですね。

樋口　ただ、そういう社会も決して悲観することばかりではないはずです。前にお話しした「微助っ人」（ビスケット）のような助け合いや、さわやか福祉財団の堀田力《つとむ》先生たちのように、地域での支え合いの活動は少しずつ各地で広まっています。もちろん簡単ではないと思いますけれど、みんなで知恵を出し合って新しい社会の形を作っていってください。女性の自立した生き方を発信してきた岸本さんに、大いに期待していますよ。

岸本　ファミレス社会ということでは、一人暮らしの私が、これから年を重ねても幸せに生きる姿を見せることが、次の世代の希望にもなるのかなと思いました。

樋口先生という大先輩の背中に学ばせていただきながら、私もこれからの社会のために自分にできることは何だろうかと問い続けていきたいです。

岸本のフムフム

60歳になるとき、住んでいる自治体の役所へ足を運びました。国民年金保険料の引き落としが終わったので、任意加入の手続きに出向いたのです。行ってみれば地域の窓口は、貴重な情報源であり手続きの案内役でした。65歳になったら樋口先生のおすすめ通り、地域包括支援センターを訪ねてみるつもりです。そこでは「何をしてもらえるか」と併せ「何ができるか」という自分への問いかけを忘れずにいたいと思います。労働力の不足を補うためだけではなく、与えられた命を最後まで輝かせるためにも、できる限り長く「微助っ人」（ビスケット）でありたいと願うものです。

おわりに

樋口恵子先生は常に私の前を歩く大先輩です。従来は嫁か娘が主に担っていた介護を、公的な保険で支えるしくみの実現に尽力。都知事の再選をめざす男性が、中高年女性の尊厳と生存権を否定する発言をしたときは、敢然と異を唱えられました。憤慨する人々の声に推され、勝ち目のない戦と知りつつ立ち向かう姿には「義を見てせざるは勇なきなり、とはこのことか」と思ったものです。

延命治療に関する意思表示についての記事を新聞で読み、早速まねしたのは、4章でお話しした通り。印象的だったのは「辞退」の二文字です。「拒否」ではなく「辞退」。その二文字の含む、思慮の深さ、視野の広さにひきつけられました。平均寿命の短い国も世界にはあまたある中、望めば延命治療を受けられる環境、提供を考えてくださるだろう医療従事者への、感謝と敬意がそこにはあります。その上で、私は望まないと伝えている。ジェンダーギャップが今よりもっと強い時代に、礼節を保ちながら粘り強く発信を続けていらした樋口先生の「歴史」が感じられました。

幸いにも対談の機会に恵まれたとき、私の内にあったのは、90歳を迎えた樋口先生に見えていることをうかがい、この先の人生をよりよく生きたいという願いです。各章における学びは章末の「フムフム」に書きました。全体を通しての学びをひとことで言うならば「自分事に終わらせない」です。

老いを考えれば、不安がまず来ます。どんな困り事が出てきて、そのときどんなケアやサポートを受けられるか。そのためにどんな備えをしておいたらいいか。もちろん知りたいし、できる備えはしておきたい。でも、それで不安を解消することがゴールではありません。

この困り事は何だろうと考える。周囲にも目を向けて、自分だけでないのなら、何と関係しているのか、どこをどうすれば少しは不安を減らせるか。社会と結びつける視点です。老いとは違う困難、例えば子どもの貧困とかバリアフリーの遅れなど、さまざまなことにつながり得ます。樋口先生のお話には常に「社会の視点」がありました。私はたまたま子どもを持っていない、今現在、体の不自由はない、でも同じ社会に住んでいて「他人事」ってないのだなと感じます。

右記をヨコのつながりとすればタテのつながりにも、思いをはせるようになりました。ずっと背中を見てきた大先輩ですから、対談にはもちろん緊張して臨みます。同時に、複数回にわたる対談の毎回、お訪ねするのが楽しみで、おいとまの際は名残惜しく感じました。樋口先生は話が厳しい内容に及ぶときも、お話をすることそのものに対してはとても積極的でいてくださいます。年長者が心を開くことが、共にいる者の心をいかに解きほぐし、よい場のエネルギーをもたらすかに驚嘆しました。これも大きな学びです。私もそこにいる中で最年長ということが、この先多くなるでしょう。かくありたしと思います。

対談でお名前を挙げていらっしゃるように、樋口先生もまた前を行く先輩方に勇気づけられてきました。私は後ろを来る人に、勇気づける背中を見せられるかどうか心もとないですが、自分より若い世代に元気でのびのびと知恵や力を出してもらえるような90歳をめざします。

2022年12月

岸本 葉子

樋口恵子

1932年東京都生まれ。東京家政大学名誉教授。同大学女性未来研究所名誉所長。NPO法人「高齢社会をよくする女性の会」理事長。東京大学文学部卒業後、通信社、出版社勤務などを経て、評論活動に入る。内閣府男女共同参画会議の「仕事と子育ての両立支援策に関する専門調査会」会長、厚生労働省社会保障審議会委員、地方分権推進委員会委員、消費者庁参与などを歴任。近著に『老いの玉手箱』(中央公論新社)、『90歳になっても、楽しく生きる』(大和書房)、『老〜い、どん！ 2　どっこい生きてる90歳』(婦人之友社)など。

岸本葉子

1961年神奈川県生まれ。エッセイスト。東京大学教養学部卒業後、会社勤務、中国留学を経て執筆活動に入る。心地よい暮らしや年齢の重ね方、旅、俳句など、さまざまなテーマについて、鋭い視点とユーモアあふれる文章で多くのエッセイを発表。また、自らの闘病体験を綴った『がんから始まる』(文春文庫)が大きな反響を呼ぶ。近著に『わたしの心を強くする「ひとり時間」のつくり方』(佼成出版社)、『楽しみ上手は老い上手』(中公文庫)、『60歳、ひとりを楽しむ準備』(講談社＋α新書)、『ひとり老後、賢く楽しむ』(だいわ文庫)など。

スタッフ

デザイン
三木俊一、西田寧々、宮脇菜緒(文京図案室)

構成
小林洋子(遊文社)

イラスト
佐々木一澄

撮影
安部まゆみ

校正
株式会社東京出版サービスセンター

90歳《さい》、
老《お》いて ますます
日《ひ》々《び》新《あら》た

2023年2月10日　第1刷発行

著者
樋《ひ》口《ぐち》恵《けい》子《こ》
岸《きし》本《もと》葉《よう》子《こ》

発行者
富澤凡子

発行所
柏書房株式会社
東京都文京区本郷2-15-13（〒113-0033）
電話（03）3830-1891［営業］
（03）3830-1894［編集］

印刷
壮光舎印刷株式会社

製本
株式会社ブックアート

ISBN978-4-7601-5498-2